文化艺术创新视角下的文化产业发展动力与外部条件研究

杨秀玉　曹　文◎著

知识产权出版社
全国百佳图书出版单位

图书在版编目（CIP）数据

文化艺术创新视角下的文化产业发展动力与外部条件研究／杨秀玉，曹文著.
—北京：知识产权出版社，2017.1

ISBN 978－7－5130－4571－1

Ⅰ.①文… Ⅱ.①杨… ②曹… Ⅲ.①文化产业—产业发展—研究—中国
Ⅳ.①G124

中国版本图书馆CIP数据核字(2016)第269604号

责任编辑：赵　军　　　**责任校对**：谷　洋
封面设计：邓媛媛　　　**责任出版**：孙婷婷

文化艺术创新视角下的文化产业发展动力与外部条件研究

杨秀玉　曹　文◎著

出版发行：知识产权出版社有限责任公司	**网　　址**：http://www.ipph.cn
社　　址：北京市海淀区西外太平庄55号	**邮　　编**：100081
发行电话：010－82000860转8101/8102	**发行传真**：010－82000893/82005070/82000270
责编电话：010－82000860转8127	**责编邮箱**：zhaojun@cnipr.com
印　　刷：北京中献拓方科技发展有限公司	**经　　销**：各大网上书店、新华书店及相关专业书店
开　　本：720mm×1000mm　1/16	**印　　张**：10
版　　次：2017年1月第1版	**印　　次**：2017年1月第1次印刷
字　　数：175千字	**定　　价**：38.00元

ISBN 978－7－5130－4571－1

目　录

第1章　文化艺术创新主体

1.1 文化与艺术

1.1.1 文化的概念

文化是一个比较宽广的概念，要想给它下一个严格而精确的定义是一件非常困难的事情。不少哲学家、社会学家、历史学家、人类学家和语言学家等一直努力，试图从各自学科的角度来界定文化的概念。然而，迄今为止仍没有获得一个公认的、令人满意的定义。据有关资料统计，关于“文化”的各种不同的定义至少有一百多种。笼统地说，文化是一种社会现象，是人们长期创造形成的产物。同时又是一种历史现象，是社会历史的积淀物。严格地说，文化是指一个国家或民族的历史、地理、风土人情、传统习俗、生活方式、文学艺术、行为规范、思维方式、价值观念等。

广义的文化，着眼于人类与一般动物、人类社会与自然界的本质区别，着眼于人类卓立于自然的独特的生存方式，其涵盖面非常广泛，所以又被称为大文化。狭义的文化，指意识形态所创造的精神财富，包括宗教、信仰、风俗习惯、道德情操、学术思想、文学艺术、科学技术、各种制度等。排除人类社会历史生活中关于物质创造活动及其结果的部分，专注于精神创造活动及其结果，主要是心态文化，又称小文化。

1.1.2 文化的功能

（1）整合功能。文化的整合功能是指它对于协调群体成员的行动所发挥的作用，就像蚂蚁过河一样。社会群体中不同的成员单位都是独特的行动主体，他们基于自身的需要，根据对情景的判断和理解采取行动。文化是他们之间沟通的中介，如果他们能够实现文化共享，那么他们就能够实现有效地沟通，进一步地消除隔阂、促成合作。

（2）导向功能。文化的导向功能是指文化可以为人们的行动提供方向和可供选择的方式。通过共享文化，行动者可以知道自己的何种行为在对方或大众看来是适宜的、可以引起积极回应的，何种方式是对方或大众摒弃的，并倾向于选择有效的行动向有利的方向发展，这就是文化对行为的导向作用。

（3）维持秩序的功能。文化是人们以往共同生活经验的积累，是人们通过比较和选择认为是合理并被普遍接受的东西。某种文化的形成和确立，就意味着某种价值观和行为规范的被认可和被遵从，这也意味着某种秩序的形成。而且只要这种文化在起作用，那么由这种文化所确立的社会秩序就会被维持下去，这就是文化维持社会秩序的功能。

（4）传承功能。从世代的角度看，如果文化能向新的世代流传，即下一代也认同、共享上一代的文化，那么，文化就有了传承功能[1]。能够实施文化的传承和发展，这也是我们现今鼓励提倡文化艺术创新的首要前提和必备要件。

1.1.3 艺术的含义

艺术是一种文化现象，属于小文化范畴，大多为满足主观与情感的需求，亦是日常生活进行娱乐的特殊方式。其根本在于不断创造新兴之美，借此宣泄内心的欲望与情绪，属浓缩化和夸张化的生活，具有来源现实而又超越现实的特性。文学、绘画、雕塑、建筑、音乐、舞蹈、戏剧、电影等任何可以表达美的行为或事物，皆属艺术。通俗地说，为减轻我们的生活负担，使我们开心或谓之赏心悦目者，是为艺术。

（1）在古代艺术指六艺以及术数方技等各种技能。《后汉书·伏湛传》："永和元年，诏无忌与议郎黄景校定中书五经、诸子百家、蓺术。"李贤注："蓺谓书、数、射、御，术谓医、方、卜、筮。"《晋书·艺术传序》："艺术之兴，由来尚矣。先王以是决犹豫，定吉凶，审存亡，省祸福。"宋孙奕《履斋示儿编·文说·史体因革》："后汉为方术，魏为方伎，晋艺术焉。"清袁枚《随园随笔·梁陈遗事出〈广异记〉》："庾肩吾少事陶先生，颇多艺术，尝盛夏会客向空大嘘，气尽成雪。"

（2）艺术特指经术。清方苞《答申谦居书》："艺术莫难於古文，自周以来，各自名家者，仅十数人，则其艰可知也。"

（3）艺术是通过塑造形象以反映社会生活而比现实更有典型性的一种社

---

[1] 彭华明，杨心恒《社会学概论》，高等教育出版社，2006 年第一版。

会意识形态。如文学、绘画、雕塑、音乐、舞蹈、戏剧、电影、曲艺、建筑等。清朝吴敏树《与筱岑论文派书》："文章艺术之有流派，此风气大略之云尔，其间实不必皆相师效。"毛泽东《在延安文艺座谈会上的讲话》："在现在世界上，一切文化或文学艺术都是属于一定的阶级，属于一定的政治路线的。"李二和《流浪的梦》："艺术是人类生存状态的特殊显现和高度浓缩与提炼，是最终表达与揭示生命真谛的灵魂奇遇。"

（4）艺术能比喻富有创造性的语言、方式、方法及事物。毛泽东《〈共产党人〉发刊词》："党创造了坚强的武装部队，因此也就学会了战争的艺术。"徐怀中《西线轶事》："严莉把管理弟妹们的艺术运用到总机班长的职务上来了。"

（5）艺术可谓形象独特优美，内容丰富多彩。丁玲创作母亲第二章："她当面诽议浮生他们的生活太单调，太不艺术。"萧军《五月的矿山》第八章："这字写得艺术极了。"

艺术是一种很重要、很普遍的文化形式，有着非常复杂而丰富的内容，与人的实际生活密切相关。艺术作为一种精神产品，具有无限发展的趋势，并在整个社会产品中占有越来越大的比重。

理论上的文化、艺术属于社会意识形式的内容。并且文化是一个相当复杂的概念，英国人类学家泰勒第一个为"文化"下了个科学意义上的并对后来产生很大影响的定义。他认为："文化或文明，就其广泛的民族学意义来讲，是一个复合整体，包括知识、信仰、艺术、道德、法律、习俗以及作为一个社会成员的人所习得的其他一切能力和习惯。"（著名学者）拉兹洛也说："文化并不局限于纯文学、美术、音乐和哲学，还表现为科学和技术的创造方式、对自然环境的控制、个人美与和谐的感受以及他对世界的认同感和对世界的幻想。总之，把一个民族区别开来的是文化，而不是地理或自然资源遗产。社会发展的主要因素是人们的价值观念、动机和创造力。"这里的文化的定义中其实同时暗含了科学技术政治法律道德艺术等方面的内容，它属于一个很宽泛很广义的概念。艺术是借助语言、声音、表演、造型等手段，以生动、具体、典型、感人的形象反映社会生活的意识形式，它艺术地再现社会生活，用审美的情趣去认识和评价社会现实生活，包括音乐、舞蹈、绘画、雕塑、建筑、文学、戏剧、电影、电视等各种各样的具体形式。同时艺术有时也表示人们认识和改造世界的方法以及人们思维和表达的习惯和状态。所以从上述定义来看，我们可以将文化艺术这个组合而成的名词理解为一种“传统历史文化及其表征，一种思维习惯和方法。”

1.2 文化艺术创新主体及特征

1.2.1 人民群众是文化艺术创新的主体

人民群众是我们党的力量源泉和胜利之本，党的一切奋斗都是为中国最广大人民谋利益。在文化艺术创新中必须把人民群众作为创新的主体。建设中国特色社会主义是亿万人民群众的共同事业，人民群众是实践的主体，不仅是物质生产实践的主体，也是精神生产实践的主体，是文化艺术建设和文化艺术创新的主体。人民群众中蕴藏着巨大的智慧和无穷的创造力。进行文化艺术创新，必须发挥广大人民群众的首创精神，坚持从群众中来、到群众中去，充分调动和发挥人民群众的积极性和主动性，挖掘广大群众的创新潜力，鼓励他们积极探索，勇于创新。

一个不争的事实是，我们很多优秀的文化艺术形式和作品都出自广大“艺术家、艺术工作者、民间艺人”之手，是他们实现了文化艺术的传承、发展和创新。在长期以来大量的文艺理论表述中，有意无意地都把“艺术家、艺术工作者、民间艺人”当成了唯一“合法”的艺术创新主体，我们有必要对之加以审视与重视。艺术是个总体性的范畴，其中具体包含了四个基本的要素，即现实、作品、艺术家和欣赏者，在解释文艺问题时，许多文艺理论和文艺批评的专著或教材都将之奉为一种普遍的法则。一段时期以来，在论及艺术的创造或创新主体时言必称艺术家却似乎成为国内学界的一种共识或惯例。如胡经之先生在其《文艺美学》一书里就始终坚持认为艺术的创造主体就是作家、艺术家。在他看来，“文学艺术的创造，是由艺术家、作家来完成的”，如牛宏宝先生所言，“我们一向习惯于认为，艺术创作是艺术家的一种主体性行为，即艺术家进行艺术品创造的过程。同时也应明白，有可能一件艺术品的创制者当初只是一个普通的人，他也没有受过艺术方面的专门训练，但是在时代、环境以及文化等多方面因素的影响下，那位普通的作者所创作的作品渐渐受到了人们的赏识和接受而成为艺术佳品。而那位创作者可能仍旧是位普通的人，也可能从此就没有其他的作品问世，创作者本人无从考证或早已消失在人们的记忆深处。所以我们有必要重视“民间艺人”这一创新主题的作用，正可谓人民群众是文化艺术创新的源泉和根本。

1.2.2 文化艺术创新主体的特征

（1）创新性。所谓创新既是新事物代替旧事物，实现质的飞跃和发展。文化艺术创新主体必须具有创新性，以及为创新而应具备的一些基本技能。艺术作为一种创造性的活动，随着政治、经济、自然环境等的变化会做出相应的适应和调整，一些掌握了部分技艺的群体，依靠自身的感悟和感受创造性的创作出超越以前事物或使之更加完美的作品，从而发挥出艺术的新魅力、达到使人们愉悦和得到更高的精神享受的效果。

（2）实践性。文化艺术创新作为创新的一种，其创新主体的实践性尤为突出，任何文化艺术作品的产生都离不开创新主体的实践活动，通过感官等的实践和涉猎，通过身体力行的劳动和学习，创造出更为新颖和完美的作品，使之成为人们耳熟能详的佳作，如果背离实践活动，单凭主观的想象势必会造成一些腐朽消极的作品产生，让人们丧失改造自然的主动性而堕落。好的作品能够为人们的实践活动提供指导作用，促进人与自然、人与人的和谐发展。

（3）艺术性。文化艺术创新主体最为本质的特性是具有艺术特质，能够有一双发现美的“眼睛”，这也是文化艺术创新主体区别于其他创新主体最明显的特征。所谓艺术性，即是文化艺术创新主体本身应具有艺术气质，熟悉艺术的创作过程和创作手法，并具有艺术表现能力，无论是艺术家还是普通老百姓如果没有艺术潜质，是不会实现艺术创作质的发展的，更无从谈起艺术创新。

1.3 文化艺术创新主体本质

文化艺术创新主体的生命力、传承力和可持续发展力均有赖于其自身文化艺术素养能力的创新、丰富和发展。文化艺术创新主体能力不仅是自身原有能力的激活，更应是对固有创新能力或本能的革命性转型。这便要求文化艺术创新主体在价值观念、知识体系、思维方式和培育体制中始终坚持时代性、整体性、系统性和前瞻性。

首先，价值观念是人类整个精神层面的追求，同时又是主体能动性发挥的指导基础，是人的精神观念客体化以及客体世界主体化的纽带和桥梁。价值观念是一个民族的思想、行为习惯和道德观念等方面的评价标准和理想取向，不仅是维系一个民族的协调和统一的深层的内在力量，而且是一个国家在既定的传统价值体系的基础上，保持文化创新和整合实施文化战略进程中，保持时代性的同时，始终坚持的民族性和连续性的关键与标志。以科学发展观作为主体价值取向，能够更加有利于实现创新作品的正确影响取向，更能实现广大人民群众的精神质量的提高，更有利于社会的和谐与稳定发展。

其次，如果说价值观念是指导文化艺术主体创新的思想基础，那么，知识便是主体实现创新的能力基础，是认识和改造世界的工具和装备。自20世纪下半叶以来，以数字化、网络化和多媒体化为代表的当代信息革命，引领着人类社会由工业文明进入知识经济文明时代。知识化与全球化的相互激荡冲击着民族文化艺术的根基。能否迎接知识经济为我们民族带来难得的发展机遇和挑战，创新知识体系，实现主体知识体系的丰富与发展；能否用先进科技传播先进文化艺术，不断提高科学技术对文化艺术创新的贡献率，既是对创新主体生命力和持续力的严峻考验，也是构建高科技与先进文化艺术的和谐发展，实现国家文化艺术发展战略的必然选择。

再次，思维方式是主体创新体系中的框架。在主体实施文化艺术创新行为中，经常地广泛地起作用的思维方式、思维习惯、对待事物的审视趋向，都是文化艺术主体的思维方式。然而，思维方式归根结底要适应于实践，应伴随社会的发展不断创新。中国有数千年文明史，并成为世界文明古国中唯一没有出现文明断裂的国家，文化艺术得以连续发展、积累，底蕴丰厚。但中华传统文化艺术中某些消极因素也导致传统观念与现代理念的冲突，阻碍了文化艺术创新和文化艺术产业的发展。为此，在全球背景下，面对人类的一切优秀文化艺术遗产和成果以及不同群体、集团、民族和国家生存和发展过程中相互依存这一现实：面对人类社会各种社会制度、意识形态、价值观念长时期共存多元发展的结果，必然成为文化艺术创新思维中的重要内容。

最后，作为文化艺术价值的外化，文化艺术主体培育体制的创新的根本目的，是解放文化艺术主体培育生产力，以满足新时代文化艺术主体成长之需求。时下需要解决的问题是，应从决策、管理、用人、投资、经营和监督等方面改革文化艺术主体培育体制，打造现代文化艺术培育产业，构建一个以科学发展观为指导的、具有较强产业竞争力的文化艺术主体培育体制，旨在提升我国文化艺术主体培育产业的整体实力，并成为当代文化艺术创新与建设的切入点。

1.4 文化与艺术的关系

文化是相对于经济政治而言的人类全部精神活动及其产品，它的定义可以列举出数百种，但其基本的概念分为 9 种类别：它们包括艺术、人类学、社会学、哲学、心理学、生物学、生态学、历史、教育的文化概念。爱德华·泰勒在《文化的起源》中曾说道：文化或者文明，从其广泛的民族志意义上而言，它是一个错综复杂的总体，包括知识、信仰、艺术、道德、法律、习俗和人作为社会成员所获得的任何其他能力和习惯。

艺术是一个描述性的概念，而艺术在《辞源》中解释为：泛指各种技术技能。用形象来反映现实但比现实有典型性的社会意识形态，包括文学、音乐、绘画、戏剧、曲艺等。

艺术与文化有着密不可分的关系，它们的发展是统一的，艺术是文化的内涵和重要组成部分，而文化则是艺术的渊源与内容。在现代社会中，通过文化来批评艺术和通过艺术来批评文化已经成为艺术与文化共同发展的重要表现形式。像这种互相批评的现象在现实生活中随处可见，就拿电视上出现的公益广告来说，就是用广告这种艺术平台来批评当今社会中出现的一些文化问题。艺术已经成为一个民族文化底蕴的反映物，而一个民族的文化又总是被它的艺术所反映。

艺术在文化价值体系中的地位，西方 20 世纪的文化学者斯宾格勒认为："高级人类的世界感受，为自身所觅求的最最明晰的象征表达的方法，除了数理科学那一套展示模式及其基本概念的象征系统外，便是艺术形式。"他进一步指出："如果一个人的环境对于个人的意义就如外在宇宙相对于内在宇宙一样，是一组庞大的象征之集合，则人的本身，只要他仍属于现实的结构之中，仍属于现象界，他们必然要被容纳在一般的象征之中。但是，在人给予他相同的人们的印象中，什么真能具有象征的力量？什么真能密集而睿智地表达出人类的本质及其存在的意义？这答案就是艺术。"从这些观点可以看出艺术是人类文化最高级的象征，它参与、推动，并体现和反映着人类文化的变化与发展，例如：在全球化消费文化的冲击下，商品的竞争压力日益增大，商家通过广告或者具有精美艺术水准的包装来吸引和刺激消费者来购买，这就体现了艺术参与和推动，并体现和反映着当代人类文化的变化与发展的明证。同时艺术也是文化的一个重要组成部分，它只是文化价值体系中的一个子系统，必然从属和依附于文化，并受到它的制约和影响。

文化是人类在社会历史发展过程中所创造的物质财富和精神财富的总和，但我们通常把精神财富统称为文化。而艺术作为一种文化现象，大多为满足主观与情感的需求，亦是日常生活中一种特殊的意识方式。文化的本质是人类自己根据自身对宇宙真理的认知而建立起来的一套价值系统。美国文化学者克鲁依伯和克拉克洪在《文化：概念和定义的批判分析》一书中提出："文化是包括各种外显或内隐的行为模式，通过符号的运用使人们习得并传授，并构成了人类群体的显著成就；文化的基本核心是历史上经过选择的价值系统；文化既是人类活动的产物，又是限制人类进一步活动的因素。"这个定义强调文化随着时间、空间的变化，会不断发生变化，呈现出时间上和空间上分合的一体化建构趋势，而艺术作为人类最高级的象征体系，在这个过程中起到了桥梁纽带和融会贯通的作用。也就是说，文化的变化和发展需要艺术来进行象征性的体现。我们常说艺术无国界，随着时代的发展，艺术发展反映了那个时代的文化和政治背景。一个时代的文化也影响到那个时代的艺术，对艺术的鉴别、表达和理解能力起到了推动的作用。例如一位漫画家在工作时，如果没有太多的文化，即使技术再好，他通过漫画反映出的内容也缺乏思想和内涵。如果有文化，那么作品的风格和内容会丰富，看待和表达事物的方式也会十分透彻。所以，艺术是人们为了更好地满足自己情感寄托和主观意见的行为需要而创造出的一种文化现象。可见艺术和文化的关系是象征与被象征的关系，归属与被归属的关系，二者相互影响，密不可分。

第 2 章　文化艺术创新元素

2.1 信息元素

2.1.1 自然信息元素

自然信息是指一切自然物发出的信息，它包括来自无机界和生物界的信息，如我们观察到的宇宙间星球的运动变化；地球上的各种自然现象；我们欣赏的风景等都是自然信息。自然信息一般是以光、形、声、色、热等形式表达。人们探索宇宙之谜、自然之谜，其实都是在探索自然信息之间的规律。

实现文化艺术的创新，应积极吸收利用来自自然界的有利元素，不断提高创新主体的自然吸收力，实现作品的自然性这一返璞归真的特性。文化艺术创作与创新最有利的元素就是我们人类所能看到的美，把这种美通过加工制作以艺术作品的形势展现在人们的面前，达到愉悦人们生活的目的，达到丰富文化艺术作品种类、提高艺术作品竞争力的作用。自然界给予我们的是无穷的信息元素，而我们需要的只是发现信息的能力、萃取信息的能力。

2.1.2 文明信息元素

人的感情在人面对尚不了解的对象事物时，人的道德感情取向的能量就会作用于人对该事物的感觉。这时，该人对该事物的道德感情就会凝结，进而转化为意识信息。在人本分析哲学看来，人的意识信息就是如此产生的。但是，人有了意识信息并不意味人是人性的完善，在人意识信息中还有大量平庸、低俗、曲理甚至邪恶的成分，这些成分在人的内心存在是不能向社会生活公开的。人在社会中生活，在主体人与他人交往时，必须使用尊重他人的具有道德感情取向的意识信息，才能在人海茫茫的社会中平安生存。而这种人在生存中尊重他人的具有道德感情取向的意识信息就是文明信息。文明信息是人文明性的表达，它确证着人文明性的存在。

文化艺术创新主体在实施创新的过程中，必须重视人类文明性的表达，创新的价值取向必须是有利于人类文明发展的元素，所以真正意义上的文化艺术创新所要实现的是人类文明的创新和完善。从古至今，从人类文明开始，我们的祖先们留给我们汲取的文明元素数不胜数，“孝敬、尊重、善良、节俭”等这些反应我们人类美德的词语，都是我们实现创新的有利元素，我们以此为鉴，从这里出发所创作的产品才是人类发展所需要的产品，当然这一宝库如同自然信息元素一样浩瀚精深。

2. 1. 3 未来信息元素

未来信息元素即是人们在基于现状的情况下，对于未来所做的一种发挥性的趋势的展望和预测，未来信息元素追本溯源是未来主义的集中体现。未来主义对20世纪文艺思潮产生了很大的影响，包括艺术装饰、漩涡主义画派、构成主义和超现实主义。未来主义作为一种艺术思潮从20世纪20年代开始衰落，如今已经基本绝迹，很多未来主义艺术家在两次世界大战中丧生。然而，未来主义所倡导的一些元素至今仍然是西方文化的重要组成部分。未来主义对年轻、速度、力量和技术的偏爱在很多现代电影和其他文化模式中得以体现。未来主义艺术家们的创作兴趣涵盖了所有的艺术样式，包括绘画、雕塑、诗歌、戏剧、音乐，甚至延伸到烹饪领域。意大利诗人菲利波·托马索·马里内蒂最早于1909年发表《未来主义者宣言》一文，宣扬他的艺术观点。宣言最先在米兰发表，之后刊载于法国的《费加罗报》上。马里内蒂总结了未来主义的一些基本原则，包括对陈旧思想的憎恶，尤其是对陈旧的政治与艺术传统的憎恶。马里内蒂和他的追随者们表达了对速度、科技和暴力等元素的狂热喜爱。汽车、飞机、工业化的城镇等在未来主义者的眼中充满魅力，因为这些象征着人类依靠技术的进步征服了自然。马里内蒂至今仍有很多思想上的追随者。比如，他的“人体金属化”的艺术主张在日本电影导演冢本晋也的影片中有所体现。未来主义对网络化的现代社会也产生了影响，所谓的“赛伯朋克”就是在未来主义的影响下出现的。

未来信息元素作为一种创新元素，对文化艺术的发展有着巨大的影响，也是我们创新过程中的重要信息库，它给予我们更多的是对于未来的一种希望和期盼。对未来信息元素的应用更能体现文化艺术创新的本质要求，创新就是破除旧的东西创造新的产品，未来信息元素实现了作品质的发展。

2.2 文化艺术创新对文化产业发展的影响作用

文化艺术产业的发展取决于竞争力强弱，而竞争能力大小受制于文化艺术创新程度，文化艺术创新决定着文化艺术产业的创新程度。在文化艺术领域里，创新是指文化艺术的不同要素除旧布新，不断取得进展或突破。今天的文化艺术产业按资源、产品、市场进行划分，主要涵盖着演艺、娱乐、音响、传媒、出版等部门。这些领域竞争激烈，时刻检验着参与者的创新水平。创新是文化艺术产业发展的灵魂，决定着文化艺术产业的发展。比如，美国并不是一个历史悠久、文化积淀深厚的国度，但美国文化艺术产品却能够从其他民族、国家的传统文化艺术资源中汲取养分，不断推陈出新，创造出巨大的轰动效应，赢得市场和受众。人们在总结美国文化艺术产业成功经验时，无不称道其创新精神及市场运作。目前，中国的文化艺术产业在国际上竞争力不强，其中固然有许多值得深入探究的原因，但关键因素之一是中国的文化艺术产业创新能力比较差，创新队伍总体水平不高。此外，由于没有形成创新的氛围，中国的文化艺术产业及其产品还存在着大量低水平重复，甚至粗制滥造等现象，文化艺术资源尚未实现合理配置。因此，呼唤文化艺术创新和增强自主创新能力已成为时代的诉求。

当今世界各国尤其是发达国家文化艺术产业的发展与创新，越来越具有与经济规模相应的影响力，并且开启着文化艺术生成、传播和扩展的新时代，从根本上导致人类精神生产和文化艺术形态的革命性变革，进而推动文化艺术有机体在历史进程中不断发生、发展和创新。中国文化艺术和文化艺术产业创新应关注民族文化艺术传统精髓。人们强调，当下文化艺术产业的发展要超越传统，但前提是了解传统、弘扬传统。当我们提及批判继承时，一个迫切需要解决的问题是，还应着力普及、弘扬传统文化艺术中的精髓和优良传统，对传统文化艺术有更加精深的认识。文化艺术创新是建构，但并非意味着建立在对传统文化艺术的彻底解构基础上。两者之间的辩证关系值得认真思考。

文化艺术创新能实现文化艺术产业多元化的发展。在今天的世界上，孤立、封闭的文化艺术形态、文化艺术状态是不存在的。尤其是在全球化背景下，必须关注文化艺术多元化对文化产业的各种影响。文化艺术多元化对发展文化艺术产业的影响并非负面的，大多数情况下是积极的。我们不妨仍以美国文化艺术为例简单说明。美国的黑人文化艺术（以音乐、舞蹈为主）并不是美国的“原生”文化，但经过数百年发展，尤其是对白人灌输的欧洲文化艺术的长期浸润，已经成为美国文化艺术的一部分了。还比如，美国乡村音乐也不属于美国土生土长的音乐，经过融合、交流已成为美国文化的重要组成部分了。类似事例说明，文化艺术的多元化对文化艺术产业的发展有着积极作用。

文化艺术创新能够提升本土文化产业的原创能力和市场竞争力。当下，我国的文化艺术创新能力不强的原因之一是，真正属于自己的、具有自主知识产权的原创品牌非常有限，核心竞争力不强，由此导致的竞争力较弱就容易理解了。因此，倡导文化艺术创新大大有利于我国文化艺术原创力的提升，大大提高文化艺术产业的原动力，为文化艺术产业提供思想和战略支持。

第 3 章 文化产业发展的一般规律

文化产业是现代工业文明的产物，从某种意义上反映了当前的政治、经济和文化现状。它是社会生产力发展到一定程度后，经济与文化相互交融和渗透的结果，“是在社会物质财富极大丰富后，随着市场经济发展起来的一个新兴产业”。文化产业作为一种以文化生产和文化消费为产业链而从中获取经济效益和社会效益的产业模式，它的产生、发展和成熟都离不开其受众群体——“文化消费者”，不同的受众群体决定着不同的文化产业模式。这里提到的受众群体我们也可以理解为文化产业的市场，它是文化产业植根的土壤，我们可以改造这片土壤的土质去适应农作物的生长，也能很简单地选择适应这片土壤的农作物。

3.1 文化消费需求

文化消费需求是社会消费的重要组成部分，它是社会经济发展到一定程度的产物，是人们的收入提高和收入结构改变引起需要层次提升和需求结构变化的结果。不同的层次和方式的文化消费形成其内在的结构体系，作为社会消费总量的重要组成部分，消费所获得的支出效益使得文化产品及其服务的价值得以实现，从而有效的拉动文化产业的发展和国民经济的增长。党的十七届六中全会指出：全面建成惠及十几亿人口的更高水平的小康社会，既要让人民过上殷实富足的物质生活，又要让人民享有健康丰富的文化生活。政府对文化产业推动的决心是显而易见的。那么我国的文化需求现在到底是何种情况？我国文化需求未来的发展方向是怎样的？

任何商品生产活动都以获得最大利益为最终目标，文化商品也不例外。作为生产商品的供应商，如何能争取到尽可能多的消费人群是其最为关心的问题。文化产品生产出来是否合格，检验其品质优劣最准确的方式就是交到消费者的手上。从文化消费者反馈的信息中能归纳出，此种文化产品所带动的文化产业现在处于何种阶段，以及内部存在何种问题。文化消费需求是文化产业发展的风向标，它是文化产业发展的潜在动力。用我国以文化消费需求增长来衡量文化建设水平高低，那么，首先应对文化需求层面有科学的划分。

3.1.1 文化消费需求的划分

① 年龄段层面划分：对产品需求通过年龄段进行定位是很多商业生产通用的划分方式。针对现在我国不同的年龄阶段所产生的文化消费市场进行文化商品生产，在商品投入市场后才能产生“对位”和“对症”的效果。

② 经济收入状况划分：经济收入状况对文化商品的消费是有直接作用的，正确合理的定位收入阶层情况才能正确定位所生产的文化商品的市场价值。作为精神消费层面的文化商品，在满足物质商品的前提下，消费者更会审视自己的购买力是否合适于此件商品。

③ 受教育状况划分：教育决定一个人的素质，具有不同教育水准和素质的消费者的商品购买取向是不尽相同的。据统计受过高等教育的人群在接受文化产品时倾向于“内涵型”产品，而只有初级教育的人群在进行文化产品消费时倾向于“外在型”产品。

④ 健康状态划分：人在健康和疾病的时候对于文化消费的需求有着很大不同，研究表明健康人群往往在文化产品消费上的跨度较大涉及的领域较广，而非健康人群在文化产品消费往往固定在某几类或某几种产品上。

⑤ 生活习惯状况划分：生活习惯是人们长期养成并难以使其变化的一种行事模式。文化产业作为一种提供精神消费产品和服务的产业，人们在购买和享受它时必定要遵从于自己的生活习惯。如此种商品不符合本人的生活习惯那它的被消费购买的机会就会很低。

⑥ 审美意识状况划分：一个人的审美意识由多种因素造成，审美虽然是因人而异的，但却具有一定的共性，我们大部分人对于美和丑都有一致的审美，如精确到某一类文化商品，这种一致审美的群体可能就会缩小，再精确到某一件文化商品，这种范围还会缩小。一件文化产品如能抓住对于此件商品的大部分人的审美共性，那就是一件成功的商品。

⑦ 居住地域性划分等。全国文化消费需求在“十五”期间高速提升，其中城镇文化消费的增长大大高于乡村，城乡差距逐步扩大；“十一五”以来

全国文化消费年均增幅明显下降，乡村文化消费需求更是显著下降，城乡差距加速扩大。不同地域的文化消费需求是不同的，不仅在量上，在质上也有不同。在具体操作上可以运用人文地理学的研究方法对文化产品消费的地域进行划分。

3.1.2 我国的文化消费需求

“文化生产力与文化消费力具有同一性，发展文化生产力要以扩大文化消费为前提”，文化消费需求和文化生产力的发展是相互作用的，它们是不可分割的统一体。文化消费对于技术进步和扩大需求有着重要的作用。文化消费需求是我国文化产业形成和发展的源泉，是拉动我国文化产业发展的有生力量，文化消费需求的结构决定着文化产业产业结构。我国的文化产业虽然发展较晚，但文化消费需求的快速增长让人看到了这块市场的潜力之大。随着我国经济的发展，很多大城市中的文化消费已成为中国最终消费的重要内容，这为中国文化产业的发展提供了有利时机。我国政府对文化产业做出的重大调整，为中国文化产业的发展带来新的机遇和挑战，也为中国文化产业的崛起开辟了日益广阔的发展空间。在党的十七大全会中指出的转变经济发展方式，经济结构战略性调整，表明中国文化产业将会成为新的经济增长点，在经济和社会发展过程中的地位将会明显提高。人口总体素质将进一步提高，受教育程度将上新的台阶，文化消费的技术条件和设施也将进一步完善。

3.1.3 文化艺术创新对我国文化消费需求的拉动作用

文化艺术的发展需要创新。文化艺术的发展其实是对过去文化艺术的积淀和不断进行文化艺术创新的过程。在当今科技文化水平快速发展的国际形势之下，文化消费水平的落后极大地影响着一个国家在国际竞争中的地位和发展速度。文化消费作为人民日常消费的一部分，深深影响着国民经济的增长和稳定发展。文化消费作为国家发展的重要产业之一，给社会带来的经济效益不可小视。文化艺术的创新、新型文化产业布局结构的构建，必将拉动我国的文化消费需求，引领新一轮的经济增长。那么，文化艺术创新是如何拉动文化消费需求的呢?

在保留原有传统文化的同时，发展与时代相一致的新型文化艺术，即文化艺术的创新，便使大众产生了新的文化消费观念。现代大众在文化艺术创新的刺激下，文化消费需求逐渐由低层次的需求开始转向更高层次的精神文化需求。随着当今的文化背景和社会背景的不断扩大，人们的文化消费需求也日益增加和多元化，并由以前简单的娱乐消遣型转为更高层次的精神享受型。文化艺术的创新使人们切身地体会到了文化的多样化和社会化，从而拉动了我国的文化消费需求。

过去人们的文化消费意识较为封闭和保守，随着社会的发展和国际交流的日益增加，文化艺术的不断创新以及新型文化艺术的慢慢出现，人们的文化消费意识也开始由封闭型转为社会开放型。此时，文化艺术的进一步创新显得尤为重要。过去保守封闭的文化艺术形式已难以满足当代人对文化消费的需求。社会大众对文化消费的需求日新月异，创新文化艺术向开放和积极的方向发展能更切实地满足当代人的文化需求，并且大大地促进文化消费总量的增长。

原本的文化消费需求较为单一化和私人化。然而随着文化艺术的创新和发展，我国人民的消费活动逐渐地转变成了具有综合性、普及性的文化消费形态，从而能更好地适应消费内容的多样化、扩散化发展趋势，也使我国文化消费内容变得丰富多彩，人们的文化消费需求随之倍增。文化艺术创新使人们“提倡个性、强调特色”的个人自我价值更好地凸显出来，使其由原来的欣赏型文化转变成个人价值追求型文化，让原本的表面性文化得到了更进一步的发展，并且合理地调整了原本的消费结构。同时，随着人们消费意识的不断改变，个人价值追求型文化更加适应当代人对文化消费的需求，在这一方面的创新可以更好地提高我国的文化消费需求水平。

文化艺术的创新有多种途径。首先，应深入生活，深入群众。文化艺术来源于生活。倾听人民的呼声才能创新出无愧于人民的文化艺术作品。其次，在文化艺术创新的道路上，我们应正确对待我国古代文化和外来文化。对于我国的古代文化，我们应“古为今用”，去其糟粕，取其精华。江泽民在全国思想宣传工作会议上的讲话中称：“我们民族历尽沧桑，创造了人类发展史上灿烂的中华文明，形成了具有强大生命力的传统文化。我们要取其精华，去其糟粕，很好地继承这一珍贵的历史文化遗产。”对于外来文化，我们应“洋为中用”，用辩证的态度看待，不能盲目排外，更不可崇洋媚外。同时，生搬硬套外来的东西而不结合本国实际情况，更是没有市场可言的。再一个，文化艺术的创新要有跨时空和反常规的思维。如现在许多的影视作品和舞台剧将中国上下五千年历史、中外不同民族不同风土人情，甚至是互不相干的事情结合到一起，给人以视觉上和思维上的冲击，引申出新的意义，达到创新和意想不到的效果。最后，我们要从书本上找源头，博览群书及阅读专业书刊，从中汲取能量，得到启发。通过在各个方面和各种途径的努力钻研，使文化艺术得以更好地发展和创新。

正确的文化艺术创新方向，为社会服务的，而不是满足少数人的利益，服务于少数人。从正确的文化艺术创新方向上进行创新得到的作品，可以正确地拉动我国的国民文化消费，而非走向偏离的轨迹。文化生产者不能一味地为了竞争去创新，反而形成了恶性竞争。一些文化生产者为了使自己的作品赢得市场，利用一些低俗风格，一时风风火火，却不能带给社会和人民有益和积极的一面，这样的“创新”实则不能称为创新。开放文化并不等于低俗文化。重视质量，坚持不断创新，才能为社会文化消费的发展带来更大的发展空间。

创新的方法需要探索，一件艺术作品的创新离不开新颖的创作方法，但这个创作方法必须是有利于该作品更好传播的手法，而不应起到反作用。例如电影《孔繁森》若使用“穿越”式，一定不会得到如此般的成功，反而令人反感。该作品的制作使用了纪实手法，真实地反映了主人公的高尚品质和质朴生活，让观者感动，并把该作品推向了艺术界的高峰。这一作品的成功，充分地反映了文化艺术创新遵循正确的方法能更好地拉动我国文化消费需求的快速增长。

文化艺术的创新在于质量，质量一定要得到监督。部分文化艺术创新带来的利润没有“复制”带来的丰厚时，创新便缺乏动力。因此有些富有创新意识的生产者反而不容易适应市场。权力应更好地扶持文化创新，而非在其中作定夺和评判；应维持好市场秩序，让创新的生产者从中得到相应的社会、经济利益，从而进行更多的文化艺术创新。在对创新的评判过程中，应遵循公平、透明的竞争与评奖，得到最有质量保证的创新成果。在质量过硬的文化艺术的创新影响下，我国的文化消费需求定会走向正确的方向而非停滞不前。文化艺术的创新要繁荣、多元化。如现在的电视剧文化中存在着一窝蜂似的古装大戏，这便是懒惰、缺乏文化创新的体现。文化艺术应繁花似锦、丰富多样、欣欣向荣。如当下可多去歌颂新时代劳动者，则更加有利于我国文化消费的发展，也能满足现在电视剧文化多元化的发展方向，更好地拉动我国文化消费的多元化需求。

说到文化艺术创新不禁要提到创新人才，拥有更多的文化艺术创新人才去进行有利的文化艺术创新才能更大化地满足和有效地拉动我国现在的文化消费需求。从这一方面讲，文化创新人才的发现和培养使得文化艺术得以创新从而拉动了我国的文化消费需求。香港城市大学原校长张信刚教授对创新人才提出了一些新的看法和观点。他认为，创新意味着“跳出框框思考”，并强调这样的观点：创新人才可以培养，但不能铸造；与其可以找出培养创新人才的模式，不如致力于建设创新文化。他进一步提出，建设创新文化应当有几个条件：第一，有创造力和创新能力的人应该受到社会的重视。第二，对科学和艺术的评价要基于互相比较和公开讨论。第三，需要有鼓励创新的法律和经济激励制度。他的观点是真知灼见，句句在理。

关于创新人才对文化艺术创新的影响从而拉动我国文化消费需求这一点，不妨举一个大家都熟知的人物例子来谈一谈。九十年代张暖忻、吴贻弓等在电影界大展拳脚时，陈凯歌作为刚刚在北京电影学院毕业的默默无闻的学生却凭借《黄土地》一鸣惊人，一举成名。在当时，他与一同出现的张艺谋掀起了中国一股新的电影浪潮，直至今日也未有停息。随后他又陆续拍摄了《霸王别姬》等一系列作品，都受到了中国电影界乃至世界电影界的一致好评。可以说，陈凯歌在当时的电影界是不折不扣的“拔尖创新人才”。2006年年初，陈凯歌导演的大片《无极》投入了巨大的资金并进行了大力的宣传，电影公映后却得到了全国各地观众的质疑和激烈批评。与此同时，武汉的青年观众胡戈在观看《无极》后仅通过自己的一己之力制作了“恶搞”短片《一个馒头引发的血案》表达了他对《无极》的讽刺，并被朋友传到互联网上，一夜爆红，网友看后纷纷拍手称快。这一个突然的成名机会给了胡戈一个成为绝佳导演的意想不到的机会和机遇，然而几年过去了，他却再没有拿出一个像样的作品。而陈凯歌在后来却凭借《赵氏孤儿》等作品东山再起，又一次稳坐了中国著名导演的席位，继续着自己的艺术创作和创新事业。

这个实例告诉我们，创新人才所创造的作品必须是持续的层出不穷的，才能对文化艺术创新以及我国文化消费需求产生有效地拉动作用，而非昙花一现、蜻蜓点水。培养和发现创新型人才并非只看其一时的作品而应审视他是否具备良好的创新素养。发现和培养具有良好创新素养的创新型人才，为中国的文化艺术提供新鲜的优良产物，满足消费者的需求，才能起到拉动我国文化消费需求的作用。当然创新人才的培养和发现还有多方面的因素及要求，在这就不做详细叙述了，只是简单举例介绍一点，以便更直观、具体地体现出创新人才对文化艺术创新的影响以及对我国国民文化消费需求的拉动。近年来，随着人们生活水平的提高和物质上的不断满足，精神上的需求也更进一步地体现出来，文化消费开始成为我国居民经济的重要组成部分。如何拉动文化消费需求日益浮出水面，成为我国当下所面临的一项重要课题。文化艺术的创新需要多方面的努力和社会各界的关注。在文化艺术创新得到优秀的作品后，一定会在各个方面全面拉动我国的文化消费需求向正确的、好的、有利于国家社会文明精神、经济发展的方向上大踏步地靠拢。

综上所述，文化艺术的创新必然会在各个方面有效地拉动我国的文化消费需求。并且，文化艺术的创新只有是正确的、有益于人民和社会的，才能更好地服务于我国的文化消费，拉动我国的文化消费需求走向一个有利于社会发展，有利于我国经济水平发展的光明而长远的道路上。

3.2 文化产品供给

文化产品供给所体现的是以产业作为发展文化事业的手段，以文化为资源进行生产经营来向社会提供文化服务和文化产品。目的是“在不断满足人民群众日益增长的精神文化需求的同时，全面提升居民的生活质量，促进全社会文明程度的整体提高”。我国的文化产品供给可以分为两类，即经济型文化产品供给和公益型文化产品供给。

3.2.1 经济型文化产品供给

文化产业具有市场机制特征，所谓经济型文化产品供给是指，在文化消费需求的作用下进行的以获取经济利益为根本目的的文化供给。它所遵循的是市场经济的规律和模式。从文化产品和服务的供求关系来看，文化商品的生产在文化产业中是主观力量，文化消费需求是文化产业发展的客观力量，供求关系的平衡成为文化产业发展的重要条件。它们两者是相互依存的。要使消费需求得到满足、文化生活得到丰富，就必须有充分的文化商品供给。但目前我国文化产业发展的主要矛盾为文化社会供给与文化消费需求在规模和结构上的矛盾。据调查研究表明，在这个主要矛盾之中，经济型的文化产品给不足是一个凸显的问题。我国幅员辽阔、人口众多，各地的经济和文化发展水平不尽相同，要使人们的精神文化生活有充足的文化供给有不小的难度。因此除了大力进行文化商品的生产外，更应该发展集约型文化商品生产，及时合理的优化文化产业结构，使其向着更大更强的方向发展。

3.2.2 公益型文化产品供给

我国作为一个有中国特色的社会主义国家，有其社会主义的优越性，人民是国家的主人，在人民的精神文化层面的文化供给上，国家和政府一直不遗余力支持其发展。早在新中国成立初期就有了精神文明建设的发展模式，还有“两手抓，两手都要硬”的行事方针，都显示了我党和政府在文化产品供给上所做出的努力。大到文化广场、文化保护区的建立，小到居委会文化娱乐社区、健身点的设立都是公益性文化产品供给的生动体现。

随着改革开放，人们的生活富裕起来，出现了越来越多的民间的文化产品供给的活动。以社会力量开展文化供给，尽显时代风采和平民风范，为文化多元供给提供了宝贵经验。由于我国地广人多的特殊国情，民间公益文化供给更能适应当地的文化需求，在公益文化发展上实现了良性循环。改革开放30年，经济发展，社会进步，人民物质文化生活普遍提高，为社会力量办文化提供了良好条件和发展空间。民办公共图书馆打破一统天下的“国办”格局，民营表演团体赢得观众使得民间艺术得到传播，各地民办美术馆书画院开启了百姓了解艺术的大门，民间博物馆的涌现见证了国人从藏宝到“晒宝”的历史。

3.3 文化产品供求的一般规律

文化产业与其他产业一样，在诸多的因素影响作用下存在着不断地变化和动态构造的发展过程，期间通过生产供给、消费需求、产业组织效率水平和布局合理水平提高等各方面的合理发展实现自身的进化。在文化产业发展之中，文化的供求无疑是两个主要的角色，他们之间是相互影响、相互制约的关系。两者发展的一般规律为：文化供给作为文化产业的主要力量，是文化产业存在的前提条件；文化需求是文化产业形成和发展的源泉，是拉动文化产业发展的主要力量；文化供给和文化需求都随文化商品价格的波动而发生变化，同样文化供求平衡的改变也会带来文化商品价格的波动。从文化产品和服务供求关系看，供求影响产业的投入产出状况、生产要素的配置和转换效率；从文化消费的需求看，文化需求依赖于文华供给来保障，文化消费的前提是文化生产；从文化供给来看文化生产刺激文化需求，引导文化消费，通过文化企业进行有效的生产供给，推动文化消费。在供与求的关系中，文化生产处于主动地位，所以文化企业主动地进行文化生产，不仅能解决文化供需的矛盾以产生经济效益和社会效益，同时对文化产业发展起着重要的推动作用。文化产业的价值性是其存在的意义，也是产业能存在的前提条件。通过多生产的文化产品多形成的价值如果没有得到市场中消费群体的认同，也就没有价值实现可能。因此文化产业的文化价值是由文化产品和服务所具有的文化内容性所决定的，文化产业的经济价值是由文化产品和服务的市场需求所决定的。某种文化产品或服务的市场价值是由其文化内容和形式决定的，并体现在内容和形式的原创性上。这也意味着如果不具有价值性便会理所当然地退出市场。

同其他产业一样，文化产业的发展同样需要多种要素的投入。人的创造力是文化产业发展的主导要素，能有效地提高文化生产力并促进文化产业价值的增长。文化是文化产业发展的基础要素，它是文化产业发展的前提条件。文化资源的内在文化性决定着文化产品和服务的使用价值和价值，并决定着生命周期。技术是文化产业发展的支持要素，它推动着文化产业的持续高速发展，并不断催生着新的文化产品的问世。经济是文化产业的动力要素，因为它决定着文化生产的投资和规模大小，同时也决定着文化市场需求的大小。

第 4 章　文化产品和文化市场

4.1 文化产品

为文化市场需求所生产的文化产品，是实现文化供给的现实写照。它是通过对原创文化符号的大批量复制生产出来的，通过各种技术渠道把“文化内容那些无形的‘精神’‘灌装’在它们的载体里送出去，送到消费者身边”。

文化产品是应对不同的消费需求而进行生产的。在我国经济快速发展的十多年间，社会的进步推动了人们对于精神文化消费的需求，适应新时代的文化产品不断问世。主要体现在（1）教育类文化产品：2011 年我国城镇居民在教育文化服务方面的支出明显增加。在消费性支出构成中所占比例基本为 15%~17%，随着我国就业形势的严峻，各种就业培训和技能培训，以及考级考证培训应运而生。2010 年教育社会投资呈现出了火爆的场面，各种教育文化产品如雨后春笋般出现在各个城市的大街小巷。（2）旅游服务类文化产品：据统计 2010 我国人均 GDP 已接近 4500 美元，这表示我国已进入了旅游业爆发性增长的关节点，我国国内旅游消费近年来一直热度不减。28 个省区市将旅游业定位为战略性支柱产业或支柱产业，有近 28 个省区市成立了党委或政府领导牵头的旅游产业发展领导机构。据测算，我国与旅游相关的行业超过 110 个，旅游业增加值已占到 GDP 的 4% 以上，旅游业发展带动了社会投资，促进了相关产业发展。其中，旅游业对住宿业的贡献率超过 90%，对民航和铁路客运业的贡献率超过 80%，2010 年，我国居民国内旅游消费达到 12580 亿元，占居民消费总支出的 9.4%。每年的两个黄金周出现的商机也为旅游文化产品投入市场创造了很好的环境。（3）电影演艺文化产品：作为一种新的文化产品，电影演艺类文化产品并没有因为起步晚而落在其他产品的后面，据电影局发布数据显示，2011 年中国电影总票房达到 131.15 亿元。

票房过亿的国产影片达到20部。2011年全国新建影院803家，新增银幕3030块，90%影院都已具备数字放映条件。同时随着人们素质的不断提高，各种形式和规模的演唱会、演奏会也被越来越多的人所接受。电影演艺文化产品逐渐成为文化产业增长的一个新的亮点。（4）新媒体文化产品："在互联网上，没人知道你是一条狗"，这是互联网兴起时彼得·施泰纳说的一句话。与传统报纸、广播、电视、杂志单项的信息推送不同，以IT为主导，以互联网为主要表现形式的新媒体势力越发强大。相对于报刊、户外、广播、电视四大传统意义上的媒体，新媒体被形象地称为"第五媒体"。如我们生活中的数字杂志、数字广播、手机短信、数字电视、触摸媒体等都属于新媒体。美国《连线》杂志对新媒体的定义："所有人对所有人的传播。"它已悄悄地改变了人们的沟通方式、交往方式、信息获取方式以及自我表达方式。它虽然是近几年才开始推广的文化产品，但其内在的理念已深入人心，大多数人的工作生活已和这种文化产品紧密联系在一起。

4.2 文化企业

文化企业是进行文化产品生产、销售和推广的组织或单位，大力发展并提升文化企业的竞争力，是繁荣我国文化、发展文化产业的必由之路，也是提升国家文化软实力的重点所在。对于我国文化企业的发展的内在动力和外在环境笔者做了几点总结。

4.2.1 文化企业的发展精髓

由于文化产品的特殊性——"它是具有某种象征性的、能够影响消费的，或其他令消费者依附于该产品价值的东西"。文化产业是为了满足人们更高层次的精神需求，文化产品的生产者应是具有创作才能的个人。文化企业需具有这些文化人力资本创造供给培育和创造消费需求，创造文化产品与其他的工业产品不同，它要承担更高的市场风险，因此文化产品的生产需要极具创造性和个性。文化企业的发展和壮大关键在于新创意的产生，只有这种文化产品才能激发消费者的购买欲，能创造广阔的市场空间，培育新的消费群体，从而实现消费拉动经济的增长模式，挖掘消费新需求。所以说创新是文化企业发展的精髓所在。

4.2.2 文化企业的自我保护

文化企业依附于以创新为发展动力，在开拓市场不断复制自己创意的同时，必须善于运用知识产权的法律手段来保护自身，以求长期独占市场，以谋求更多的经济利益。这使得文化企业要熟知政策和法律条款，在新产品的推出和市场营销中以周全的发展纲要促进自身的发展。据统计盗版商所获取的利润为正版经营的 9 倍之多，而且会严重影响正版品牌的发展。所以版权保护问题不解决，文化企业就不能做大做强。

中国作为历史悠久的文化大国，民族众多，文化类型及为丰富，为我们积累了丰富的文化物质资源和精神资源，这为我国的文化产业“走出去”提供了丰富的资源；改革开放以来，我国经济发展取得了举世瞩目的成绩，人民的生活总体达到了小康水平，文化产业迅速发展，某些门类的文化产业已经达到或超过了国际水平，这为我国文化产业“走出去”提供了内在动力；为了推进我国文化事业的发展，在国家倡导下，我国的文化基础设施建设投入逐年增加，“九五”期间在文化事业投资累计达 125. 54 亿元，分别比“八五”期间增长 100. 2% 和 175. 3%，这些基础设施的投入为文化产业“走出去”提供了即时的“硬件”支持。全球经济一体化为我国文化产业“走出去”提供了新的机遇和挑战。随着 2006 年开始于华尔街的金融危机波及范围越来越广，从发达国家向发展中国家，从金融业向各行业逐步蔓延。各国的文化市场受到不同程度的冲击，对各国的文化产品及服务造成了不同程度的影响，大众购买力下降导致了市场需求的减少。在这种态势下，及时抓住机遇调整国内产业结构，实施“出口导向”战略，可以在金融危机中趁势而上，占据世界文化版图的有利地位。

4. 3 文化艺术创新与文化市场的繁荣

文化企业生产的文化产品最终是通过文化市场到达消费者的手中，它是文化产业链中的流通途径。文化市场在体现文化消费需求的同时也能完成文化商品的供给，它既是连接文化供求的纽带，也是显示文化供求的晴雨表，主导了文化产业供求的一般规律。从“求”的一方来看文化产品和服务是消费品，它是为个体或群体的需要而生产的，不同人群的需求层次各有不同。从“供”的一方来看文化产品和服务可由政府供给，也可以由市场供给。政府供给虽能在一定程度上解决文化共享问题，但同时也会带来文化生产供给低效率、低水平，同时还能造成高价格和利润降低，不能保证文化的全部价值实现。

竞争机制作为市场机制的核心，是市场机制中价值规律发挥作用和实现产品价值乃至经济发展的一种形式。文化产业的供求具有市场机制特征，它的良性可持续发展需要市场的自我调节，在这种调节中不断地进行着优胜劣汰，这就是竞争。在市场经济体制下，竞争机制是其内在的核心，它是充分发挥价值规律的作用并实现产品价值乃至经济发展的一种形式。文化产业市场是文化产业发展的客观动力，由于文化需求的多样化，需要多元化的产业主体与之相适应，去除单一的产业市场结构拒绝垄断，实现文化产业资源的合理配置，这是对文化产业发展十分重要的客观环境。我国的文化市场在政府的有效调控下实现了跨越式的发展，到了2009年我国的文化产业增加值已经达到8400亿元，占同期GDP的2.5%，2011年我国的文化产业占GDP首超3%，虽然离达到国民经济的支柱性产业还有一段距离，但只要按照这个增速也只是时间的问题。取得以上的成绩主要是我国政府大力推进文化市场改革的结果。具体体现在加快转变政府职能，强化政策调节和市场管理，强化公共服务职能和社会管理，“增强把方向、抓规划和定政策的能力”；开辟文化产业新的增长点，培育文化旅游产业；扶持电影产业的发展和连锁院线的建设，推广文化产品的链式经营；加强文化市场的规范管理，严打侵权盗版和非法出版活动。努力在文化产业的发展中着力培育资金、信息、技术、创意、品牌等文化产业的要素，克服不同行业和地区分割的市场格局，“构建统一、开放、有序的现代文化市场体系”。

创新是艺术的本质特征之一，是艺术发展的驱动力。艺术的发展进程实际上是不断创新和积淀的过程。艺术创新不仅是对传统艺术观念的反思，而且是对艺术发展的探索。艺术是特别需要创新人才的领域，创新就是艺术的生命。从这个意义上说，艺术不创新就没有生命、没有未来。但问题在于，艺术创新人才能否培养？一种看法是，艺术创新人才的素养是天生的，没办法后天培养。另一种看法是，艺术创新人才的素养依赖于全社会的综合环境，不能由社会的某一方面去单独完成，艺术创新与文化市场的繁荣就有着密切的联系。

4.3.1 文化艺术创新的内容

艺术探索、艺术创新越来越成为有识之士的共识。他们积极探求艺术的创新之路，且取得了举世瞩目的成就。20世纪的中国画坛，造就了不少艺术大师。他们之所以成为艺术大师，就在于他们不断地创新和变革。这些艺术大师深知创新和变革不是彻底抛弃传统，不是随心所欲的践行，而是在继承传统的基础上对传统进行辩证取舍。著名画家罗工柳坚持学习前人的绘画理论和技法，在此基础上进行变革。用他自己的话来说就是“学到手再变”。李可染对中国传统绘画情有独钟，发愤“以最大勇气打进去”，深刻理解传统绘画的精神实质，然后又“以最大的勇气打出来”。探索中外艺术结合之路，是艺术创新题中之重。“基中可以容洋不排外，厚今而不薄古”是中华文化的内在精神。在漫长的历史进程中，中华文化以博大的胸怀吸收外来文化，得以延续和发展。在探索中西绘画结合上，吴冠中以深厚的艺术修养和崇高的精神境界，以毕生之精力把西洋绘画和中国水墨画有机结合起来，形成自己独特的风格。在他的油画作品中具有水墨画的气味，在他的水墨画中具有油画的风格。水墨画《舞》《高空谱曲》，油画《四合院》等都是成功的探索作品。正如著名教授李正道所评价的那样：吴冠中的作品洋溢着浓郁的东方情调，但又有别于陈旧僵化的中国画传统格局；他吸取西方绘画的形式结构来表现中国的意境趣味，他提倡抽象，但又不完全等同于抽象派。

从古今中外的经验来看，艺术创新需要艺术家充分发挥自己的聪明才智，提高文化修养和专业修养。结合时代的特点和新的历史使命，总结和借鉴古今中外艺术创新的经验和教训，探索艺术创新的途径对艺术的繁荣和发展具有重要的意义。

4.3.2 走向市场的文化艺术

市场是商品经济的必然产物，凡是有商品生产的地方就必然有市场。所谓市场，有狭义和广义两种解释。狭义的市场是指进行商品和劳务交换的场所。换句话说，它是指销售者和购买者进行商品交换的地方。这种市场只涉及商品交换的本身，其交换必须要有场所。广义的市场是指整个社会通过交换行为实现的商品流通活动，这种市场不一定要有具体的交换场所，交换双方只要通过特定的手段确定交换的条件、商品品种、价格和数量等，交换目的就可以实现。

文化艺术市场实际上也有狭义和广义之分。通常所说的文化艺术产品流通和交换的地方，就是狭义的文化艺术市场。如买戏票看戏，剧场就是文化艺术市场。但是实现文化艺术产品每年交换也不一定要有固定的场所，交换双方也可以不在一定的时间、地点进行交换活动。如订购图书，只要通过邮局汇款，新华书店代办托运就能实现交换。因此，广义的文化艺术市场实际上是指文化艺术产品交换关系的总和。

将市场意识引进文化艺术领域，逐步建立和健全“文化艺术市场”是势所必然。从纵向看，历史的教训和当前面临的新机制都对我们提出了这个要求。长期以来，我们的文化艺术观念十分狭窄，总是强调文化艺术产品的意识形态性和审美性，讳言其商品性，这正是忽略了一个更高层次的共性概括，即物质生活与精神生活、物质产品与精神产品之间存在着统一性。我们不能否认，文化艺术产品也同时具有类同于物质产品的共同性——商品属性，即大部分文化艺术产品需要进入流通领域在交换中实现其“价值”。我们过去的观念将“文化艺术”与“ 经济”片面对立起来，以为两者联姻会有害于文化艺术的创造和发展，有损于文化艺术崇高的精神品位，因而，在我们的实践上和理论上面对客观存在着的文化艺术中的经济现象或视而不见或避而不谈。要解放文化艺术生产力首先要解放文化艺术观念，破除旧观念，确立一系列新观念包括文化艺术的商品意识、产业意识、市场意识、效益意识等适应当代社会发展的新的思想意识。这对于在社会主义市场经济条件下，调动文艺生产者的积极性，满足文化艺术不同层次消费需求，促进文化艺术繁荣，以及进一步最大限度地解放文化艺术生产力具有积极的作用。

4.3.3 文化市场的繁荣与文化消费的关系

在当今国际科技水平日新月异的形势之下，一个国家的文化消费水平落后、文化消费结构失衡就意味着有可能在国际竞争中落后或被淘汰。文化消费作为人类日常生活中的一部分，给社会带来经济效益，同时也增长人民群众的知识，已经成为国家发展的重要产业之一。以消费手段促使文化得到推广和普及，让智慧的劳动成果成为大众普遍的消费对象，这将在未来很长一段时间内主导着文化消费的思维和发展。文化消费的发展关系到我国的文化软实力以及文化国力。大力提倡健康的文化结构、合理的文化消费，提高居民的文化消费水平，成为实施文化战略的关键所在。积极发展文化消费市场，构建新型的文化产业布局结构，必定能够引领新一轮的经济增长。因此，这就更需要我们充分开发与利用文化市场的优势，发展壮大我们的文化产业，加大对文化设施的人力、物力和财力的投入，从而建造出风格鲜明、品位高雅且科技含量较高的现代文化设施，努力开拓居民文化消费的资源与场所，以促进广大人民群众文化消费的不断提高。

4.3.4 建设创新文化艺术应该具备的条件

第一，有创造力和创新能力的人应该受到社会的重视。第二，对科学和艺术的评价要基于互相比较和公开讨论。第三，需要有鼓励创新的法律和经济激励制度。在建设创新文化的过程中，高等教育界应该自觉地做什么？不能落入如下一种新的思维定式或陷入一种新的误解中：似乎既然建设创新文化属于全社会的共同事业，那么高等教育界本身就不能单独有作为，而是要全社会都同时动起来才行。试问：全社会能同时行动起来吗？如能，那又要我们高等教育界做什么呢？作者的看法是，高等教育界应当从自身的中心使命出发，自觉地和主动地担当创新文化建设的重任。这个中心使命必然地还是探寻创新人才培养之道。过去如此，现在如此，将来也必然如此。只不过在作者看来，这种创新人才培养的真正的关键，与其说在于创新技能培养，不如说在于创新素养养成。也就是说，从高等艺术专业教育角度看，艺术创新人才培养的关键在于个体的创新素养的养成。创新技能培养可以管一段，但不能管一辈子。创新素养养成即使不能辉煌一时，但却可能持续一生。所以，与其培育创新技能，不如培育创新素养。技能解决的是简单工匠可以做的事情，但素养则是面向更高级的境界和更长远的目标。

文化艺术领域的改革非常复杂，多年来一直成效不大，乃至今日仍存在如图书出版的混乱、音像制品的失控、电影业的危机、电视剧制作的窘困、高雅文艺的萎缩和通俗作品的泛滥等诸多问题。把一切归咎于市场经济是不公正的。思想认识混乱、管理方法陈旧、法制不健全，缺乏制衡机制，不善于综合运用法律和经济手段等，总而言之，是没有从进一步深化改革的思路上拿出一环扣一环的强有力的措施。有些问题用旧眼光看是危机，用新观念看可能是进步，对此我们不能一概而论，要具体分析；我们不能站在现实之外去规范现实，也不能站在发展之外去框定发展，只能在改革开放中通过不断调整自己的认识过程来把握现实，用解放思想、实事求是的态度和改革的方式去解决现实问题，以此来促进社会及其文化艺术的发展。

所以，文化艺术的创新与市场的繁荣是密不可分的，文化艺术的创新不是随着人类艺术行为的产生而产生的。人类社会不断进步，社会经济的不断增长，人类物质与生活水平不断提高，民众文化艺术教育水平与环境的不断提高和生活消费观念不断加强等因素都直接影响着文化艺术创新的成果。文化市场的繁荣与发展对促进艺术的整体而全面的发展有着重要的作用和意义。

在艺术创作、批评和鉴定方面，也会在不同的历史时期受文化市场的影响而产生不同的艺术创作的观念、艺术思想和艺术创作方式，容易产生和推出一个特定时期的艺术品类，也直接或间接地影响到艺术方面的教育方向的改革和变化。

综上所述，文化市场的繁荣与发展，对于文化艺术的创新，创作观念，创作实践，创作理论研究等方面的发展，都具有十分积极的意义，建立和健全市场的繁荣是艺术整体发展的必备条件。

4.4 文化艺术创新促进文化产品的多元化

近年来，随着经济社会的快速发展和居民收入水平的不断提高，我国消费结构不断优化升级，文化消费成为居民消费中日益重要的组成部分，并呈现出多元化发展态势。作为文化产业链上的最终环节和促进居民消费结构升级的重要力量，文化消费对于促进文化产业发展、推动我国产业结构优化升级以及提高国民素质都有着十分重要的意义。然而，与西方发达国家相比，我国居民的文化消费潜力远未得到开发，主要表现在我国文化消费比例偏低，文化消费区域性失衡，文化消费结构单一，文化产品质量与消费者的精神期待之间仍存在一定的距离。因此，加强文化艺术的创新，促进文化产品的多元化，扩大居民文化消费，提高文化消费能力是我国刺激经济、扩大内需的重要举措。

随着我国社会经济的迅猛发展以及居民收入的稳定增加，文化消费呈现出稳步上升趋势，并随之带动了其他相关产业的发展。文化消费是指人们为满足精神方面的需求，在精神文化产品或服务方面的消费，主要集中在教育、文化、体育、旅游等休闲娱乐上。目前在知识经济背景下，文化消费又被赋予了新的内涵，主要表现在文化消费具有时尚化、高科技化、大众化等特征。文化消费能够反映社会文明进步的程度，提升人的综合素质，同时也能推动文化创新。在市场经济条件下，文化消费极大地促进了经济的发展，具有很强的意识形态作用。文化消费必须确立多元化与多层次性的发展战略，提供从高端精品到低端普及型的系列文化产品，以满足不同收入阶层对文化消费的个性化需求。

促进文化消费需要文化艺术市场的支持。艺术市场是以艺术品销售为目的平台。随着我们国家市场经济发育的逐步完善，文化的生态环境发生了变化，其中最为显著的就是中国艺术品市场获得全面复苏，走向繁荣兴盛。艺术市场与文化产业紧密相关，形成完整的行业链条，成为全社会新的经济增长点。艺术市场的产生，随着人类艺术行为的产生而产生的，随着人类社会不断进步，社会经济的不断增长，人们物质与生活水平不断提高，民众文化艺术教育水平与环境不断提高和生活消费观念的不断加强等因素，直接影响着艺术市场的繁荣与发展，对人类艺术市场的产生和发展有着十分重要的社会价值、历史作用和现实意义。艺术市场的建设与发展，对于艺术创作观念、创作实践、创作理论研究等方面的发展，也具有十分积极的意义，建立和健全了艺术市场，是艺术整体发展的必备条件。

我国文化消费存在文化产品供给不丰富、文化消费环境需要改善的问题。文化消费的繁荣一方面取决于居民的消费能力和消费意愿，另一方面则取决于文化产品的供给。文化产品供给的增加将有效地促进文化消费的增长。目前我国文化市场还处于成长阶段，市场化程度低，文化产业产出不高，文化产品整体制作水平低下，产品同质化现象严重，市场流转并不畅通，从而限制了文化消费的发展。所谓文化产品是指文化产业发展过程中生产创作的，用于供给服务的文化产品，主要有文化艺术产品、文化创意产品、民族文化产品、民俗文化产品、旅游文化产品等。文化产品的生产和创作已经形成社会化、专业化、协作化和融合化现象，进入生产领域的文化产品已经淡化了个人化色彩，正在成为以创意为核心、科技为支撑、文化为依托、媒介为载体，由不同部门、不同行业、不同领域共同创造的综合性产品，加入社会化大生产的行列。文化产品的创意与引导是一个历久弥新的话题，是指站在坚守和张扬核心价值体系并满足社会群众多样化的精神文化需求的立场上，通过法律法规、方针政策、宣传教育与市场调控、媒介批评、受众反馈等手段，使文化产品最大限度地发挥文化引导社会、教育人民、推动发展的功能。文化产品的创意与引导是世界各国政府在发展本国文化、提升软硬实力、建构国家形象过程中极为重视并不断加强的领域。

党的十六大以来，以胡锦涛同志为总书记的党中央高度重视文化建设与文化产品的创作生产引导，对深化文化体制改革、发展文化事业和文化产业以及加强文化产品创作生产引导做出了一系列重大的决策和部署；党的十七大进一步从中国特色社会主义事业“四位一体”总体布局的高度，提出了兴起社会主义文化建设新高潮、推动社会主义文化大发展大繁荣的战略任务，并特别强调了深入推进文化体制改革必须抓好的四项重点工作，即加快文化体制机制改革创新、加快构建公共文化服务体系、加快发展文化产业、加强对文化产品创作生产的引导。最近几年来，学术界对“文化产品”的定义及其属性、特点和功能以及文化产品创作生产的体制和机制，还有文化产品创作生产引导的特点和规律等问题的关注，以及将文化产品创作生产都已上升到政府管理、国家发展与市场经济、国际贸易等相互整合的高度进行研究，可谓极一时之盛。各个领域的学者，在艺术学、政治学、社会学、经济学、管理学、传播学和文化研究的跨学科视野中，从不同的角度和立场，对“文化产品”进行着愈益广泛和深入的关注和探讨。这些研究试图在跨国别、跨文化和跨学科的前提下拓展文化产品创作生产、引导研究的理论视野和方式方法，无疑有其不可忽视的价值和意义。

在对外开放的今天，文化产品竞争就是国际竞争。进行文化产品国际竞争首先要了解国际文化市场构成状态。市场国际化是文化产品发展的客观要求。文化一旦要被制造成文化产品。满足文化消费需求就成了基本属性，得到文化市场认可就成了基本要求。文化产品追求市场价值，如果市场价值实现不了，文化产品的生产或创造是很难持续下去的。在市场经济时代，文化产品如果没有市场价值，就很难实现其社会价值。全球国际文化市场规模的持续增长推动了国际文化产品的创造势头。文化产品的多元化能更多地吸引文化消费者的目光。创新是艺术的本质特征之一，是艺术发展的驱动力。艺术的发展进程实际上是不断创新和积淀的过程。艺术创新不仅是对传统艺术观念的反思，而且是对艺术发展的探索。艺术创新不是模仿照搬，而是需要独特的思维方式和表达方法，需要各种流派、观点自由讨论和争鸣，需要坚持争取的原则、探索正确的途径。只有这样，艺术之树才能常青，艺术才能得到繁荣发展。

艺术探索、艺术创新越来越成为有识之士的共识。他们积极探索艺术的创新之路，且取得了举世瞩目的成就。20 世纪的中国画坛，造就了不少艺术大师。他们之所以成为艺术大师，就在于他们不断地创新和变革。这些艺术大师深知创新和变革不是摒弃传统，不是随心所欲的践行，而是在继承传统的基础上对传统进行辩证取舍。探索中外艺术结合之路，是艺术创新题中之重。“基中可以容洋而不排外，厚今而不薄古”是中华文化的内在精神。在漫长的历史进程中，中华文化以博大的胸怀吸取外来文化，得以延续和发展。

从古今中外的经验来看，艺术创新需要艺术家充分发挥自己的聪明才智，提高文化修养和专业修养。结合时代的特点和新的历史使命，总结和借鉴古今中外艺术创新的经验和教训、探索艺术创新的途径对艺术的繁荣和发展具有重要的意义。艺术创新需要深入生活、深入群众。生活是文艺创作的源泉，人民是文艺工作者的母亲。只有扎根于生活、扎根于人民，文艺才有生命力和感召力。艺术创新需要正确对待我国古代文化和外来文化，对待我国传统文化，应本着“古为今用”的方针，取其精华去其糟粕。对待外来文化，应本着“洋为中用”的方针，辩证取舍，择善而从，积极创新，创作出具有民族形式和民族风格的艺术作品和艺术表演。“标新立异”是艺术创作的目的，但必须是“为群众所欢迎的标新立异”。那种生搬硬套，机械模仿外来文艺思潮的创新和探索，肯定是没有市场的。艺术创新需要打破常规，跨时空思维。可以把上下几千年所发生的事情放在同一画面上去表达，把中外地方发生的事件放到同一画面去处理，把古今中外不同民族不同国家的风土、人情，甚至不相干的事情组合在一起，引申出新的意义。艺术创新需要博览群书，特别是专业书刊。对于有一定知识、文化、道德等修养的人来说，他们具有鉴别良莠的能力，能够从别人的书中吸取到有益的东西，摒弃落后的、腐朽的因素。书看得多了，思路自然会得到开阔，就能够从大量的书刊中吸取积极的因素，并且进行思考、组合、抽象和概括，取得创造性的成就。

立足时代的发展和人民群众精神需求的需要是艺术创新的出发点和归宿。随着经济全球化步伐的加快，各个国家、各个民族文化交流日益密切，外来文化的影响越来越明显，整个社会多元的审美需求正在形成。艺术创新有了政策、制度等保障，有了宽松的学术氛围，就为艺术创新奠定了基础。艺术的创新必不可少的就是创新人才。艺术是特别需要创新人才的领域，因为创新是艺术的生命。从这个意义上说，艺术不创新就没有生命、没有未来。建设创新文化应当有几个条件：第一，有创造力和创新能力的人应该受到社会的重视。第二，对科学和艺术的评价要基于互相比较和公开讨论。第三，需要有鼓励创新的法律和经济激励制度。创新人才向来种类繁多，但其共同的特征不外如下几种：第一，好奇心。就是要有探索未知世界的强烈欲望或冲动，始终渴望着探究未知世界的奥秘；第二，跨学科综合才华，就是要有跨越本专业的多学科专业的综合学识或学养，特别是拥有科技与艺术相互交融的突出才干，即善于通过科技与艺术的交融而形成新的组合；第三，想象力。

就是善于将不同事物通过联想组合起来，成为一个新的整体；第四，协作与务实精神，就是能吸引周围的人相互合作，共同导向一个实际的结果或产品；第五，韧劲，就是做事要有一种非做不可的劲头，能够坚持不懈地达到既定目标。当前我国艺术的发展和持续发展极大地依赖于创新人才的参与及其发挥作用。

创新素养，是指创新人才所必备的个体身心条件，包括个体的能力、资源、才干、修养等。这种创新素养的重要性，其实甚至从创新理论的创始人开始就已经受到重视。创新素养的培养首先需要创新意识。创新意识是指人们根据社会和个体生活发展的需要，引起创造前所未有的事物或观念的动机，并在创造活动中表现出的意向、愿望和设想。它是人类意识活动中的一种积极的、富有成果性的表现形式，是人们进行创造活动的出发点和内在动力。是创造性思维和创造力的前提。创新意识包括创造动机、创造兴趣、创造情感和创造意志。创新意识要培养求知欲、好奇欲、创造欲和质疑欲。只有创新人才和创新素养的整体提高，才能刺激文化产品种类的产生，促进文化产品向多元化发展。文化产品的多元化不仅仅是指在全球范围内不同民族文化的共存共荣，而且也意味着在某一单一民族国家中的传统文化对其他民族文化的宽容以及必要时的吸收。加强文化艺术的创新、促进文化产品的多元化有利于推动国际文化市场规模的成倍增长。加大对艺术创新人力、物力和财力的投入，从而使文化产品向多元化发展，努力开拓居民文化消费的资源与场所，以促进广大人民群众文化消费的不断提高。积极发展文化消费市场，构建新型的文化产业布局结构，必定能够引领新一轮的经济增长。

第 5 章　文化产业创意

5.1 文化产业创意内涵

近年来，世界先进国家争相发展文化产业创意——这一新兴经济力已成为继“信息技术”第三波经济力后的第四波经济发展动力。过去的几十年里，世界各国积极推动文化创意产业的发展：美国、英国、日本等经济与文化成熟发展的先进文化大国，通过创意产品、营销与服务吸引全世界的眼球，形成了一股巨大的创意经济浪潮；中国、韩国、泰国等新兴亚洲国家则以各自擅长的取向、领域和方式迅速发展起来。这些国家都意识到文化产业创意在加快国家经济增长、促进产业升级、解决就业问题和加强社会凝聚力等方面的巨大作用，并将文化产业创意列为国家的重点计划。文化产业创意日益成为文化产业的核心内容。

5.1.1 文化创意

世界著名的广告策划大师詹姆斯的广告名著《产生创意的方法》中最早提出了“创意”这个专业名词。从此，idea 作为创意一词便被普遍认同并被广泛应用。美国创意大师罗伯特·弗兰兹认为创意必须是最新的，具有独特性，具有震撼力和强大的吸引力。“创意之父’，约翰·霍金斯认为可以把创意简单地定义为“有新思想”，并认为这种新思想必须符合个人、原创、有意义、有用处四项标准。综合创意的内涵和人们的创意实践，可把创意定义为：人们在实践中产生的、具有想象力的创造性思维。作为一种思维过程，创意更侧重于强调人的意识、意图和灵感的价值，是科学技术与艺术完美结合的创造。

创意与其他带有原创色彩的词语不同。首先，创意没有计划和企图，它是一种意念上的创新，是思维突如其来的释放，具有独立性。创意既不依赖于固有的答案、不受他人暗示的影响，在逻辑范畴上属于超出原有论域的思维。拘泥形式、墨守成规都不可能产生创意。第二，创意具有个体性。不同于设计、策划可以是集体智慧的结晶。创意只能是个人灵感的迸发，来源于日常生活的积累。虽然集思广益可以促进创意的产生，但归根到底它是个体的产物。第三，创意还具有不可替代性。创意的产生需要从多方面和多种联系中理解问题，从而找到解决问题的突破点。思想肤浅、抓不到问题的重点，根本无法产生创造性思维成果。创意思维在思维的高度、广度和深度等方面比常规思维有着更明显的优势。一个好的创意是独一无二的，如最经典的瑞士军刀平面广告，偌大的红色工具箱里只放了一把小小的瑞士军刀，一大一小十分具有冲击力的对比，让人不禁赞叹作者的绝佳创意，只用一把小小的瑞士军刀就可以代替工具箱内所有的工具。广告中工具箱的颜色、广告语的字体等设计都可以进行更改，唯独广告创意无可取代。

5.1.2 文化产业

文化产业是现代工业文明的产物，它的兴起迎合了文化与经济全球一体化的趋势。在资本主义发展早期，主要资本主义国家都以第一、第二产业作为产业结构的主体，作为第三产业的文化产业并不重要。因此无论在学术界还是整个社会上，把文化整体上作为一个产业的提法都十分少见。20 世纪 70 年代以后，主要发达资本主义国家产业结构发生了很大的转变，知识型经济和服务业的比重越来越大，文化的重要地位逐渐凸显出来。学术界与社会上开始出现文化产业的提法。“文化产业”概念的提出可以追溯到 20 世纪三四十年代，法兰克福学派理论家最早注意到了艺术创作在资本主义生产条件下转变为大量复制的文化生产，并提出了“文化工业”理论，虽然法兰克福学派的理论家对文化产业的论述各有侧重，但都认为其产品已经失去了文化的内涵，并对文化产业以商业化、技术化的形式沦为资本主义束缚大众思想的统治工具进行了批判。但随着社会经济和文化产业自身的不断发展和完善，尤其是第二次世界大战以后欧美发达国家经济、社会和文化的巨大变化都与文化产业的持续发展紧紧联系在一起，“文化产业”这一概念慢慢变为中性含义。但是，由于各国的经济、社会和文化发展状况有着较大差异，文化产业作为产业分类概念，其内涵没有统一标准。直到今天，法兰克福学派提出的“文化工业”这一传统概念只在法国继续沿用；而英国、澳大利亚、新加坡等国由于更加侧重于艺术创造力对经济的贡献，使用了“创意产业”这一概念。美国和日本使用的是“内容产业”的概念。

联合国教科文组织把文化产业定义为“结合创造、生产与商品化等方式、运用本质是无形的文化内容。这些内容基本上受到著作权的保障，其形式可以是货品或服务”，“一般来说，文化产业形成的条件是，文化产业和服务在产业和商业流水线上被生产、再生产、储存或者分销，也就是说，规模庞大并且同时配合着经济考虑而非任何文化发展考虑的策略”。我国学术界早在 20 世纪 80 年代中期已经开始了对文化产业的研究，进入 90 年代中期以后，文化产业研究在国内形成高潮。2000 年，党的十五届五中全会上首次使用了文化产业这个概念。2001 年，全国政协与文化部所组成的文化产业联合调查组对文化产业做了如下的界定：“文化产业是指从事文化产品生产和提供文化服务的经营性行业。”2004 年 4 月国家统计局颁布的《文化及相关产业分类》又进一步明确了文化产业的内涵和范围。该文件把文化产业定义为，为社会公众提供文化、娱乐产品和服务的活动，以及与这些活动有关联的活动的集合。它的范围包括：“新闻服务，出版发行和版权服务，广播、电视、电影服务，文化艺术服务，网络文化服务，文化休闲娱乐服务，其他文化服务，文化用品、设备及相关文化产品的生产，文化用品、设备及相关文化产品的销售”。

5.1.3 文化产业是国家战略

对于当代中国来说，文化产业是制度革命与制度创新的产物，是当代中国文化制度的重要体现。中国有文化产业，在计划经济时代也还存在文化产业。但是，文化产业的中国式存在很大程度上只是意识形态领域里阶级斗争的工具，主要服从于和服务于意识形态领域里的阶级斗争的需要。虽然在这个过程中，作为文化产业生命存在的空间形态的“文化市场”也还存在。但是，市场并不在文化产业的发展中发挥资源配置的基础性作用，作为具体的文化产业机构——文化企业并不拥有市场主体身份，文化产业只是文化事业存在的另一种表现形式：“企业单位事业化管理”集中凸显了“中国式”文化产业的身份属性。单一的文化产业投资结构和主体构成，历史地规定了文化产业在整个国家文化建设以及国民经济和社会发展中的附属地位与身份。这从新中国成立以后到 20 世纪 80 年代末的中国文化产业机构的生命运动的轨迹可以看出。在这样一种生命形态中，文化产业所体现的那个时代中国人的社会文化关系是：人们既不能主动地选择什么，也不能进入文化产业其中去发展什么。因为，在文化产业最终完成文化生产资料所有制领域里的革命之后，政府把一切文化产品的生产、流通与分配也都纳入到计划经济体制。这最终导致了中国文化产业发展的长期停滞不前。社会主义市场经济体制改革目标的提出和加入世贸组织的国家战略选择与国民经济和社会发展制度的创新建构，必然提出上层建筑与经济基础相适宜的马克思主义的制度性要求。中共十六大第一次在党的政治报告中明确提出了“积极发展文化事业和文化产业”的党的政治主张，把发展文化产业和文化事业相提并论，并且把大力发展文化产业看作是满足人民群众精神文化消费需求多样化的重要途径。这就在中国特色的社会主义文化建设上，在坚持马克思主义在意识形态领域的指导地位的不动摇和积极发展公益性文化事业的同时，非常明确地提出了第三条道路——“积极发展文化产业”。文化产业被作为中国特色社会主义文化建设最重要的制度性建构而被写进党的政治决议、国家战略规划和政府工作报告。随着中国加入世贸组织后的国家进一步对外开放以及各项公民权利的彰显，非公有资本进入文化产业以及在全面推行的文化体制改革，标志着中国文化产业正式进入一个全新的发展时代：那就是公民文化权益和权利的全面保障和全民落实的新时代，在这个过程中，因为文化产业、人和社会的一切文化关系得到了全面的调整；因为文化产业，文化与经济发展的关系得到了全面的调整；因为文化产业，人与政治民主的关系得到全面调整。文化产业在中国成为人和社会一切文化关系重构的纽带和关键词，成为中国文化改革开放走向世界的标志，成为判断中国文化民主化进程和对外开放度的晴雨表。

无论在中国还是在其他一些发达国家，文化产业之所以能够被重视，能够得到政府的政策扶持，甚至能够被作为国家战略提出成为国家发展战略的一个重要组成部分，其中至少有两个具有关键意义的因素：（1）文化产业成为一种新的财富创造形态，正是由于文化产业是一种新的财富创造形态，因此，它改变了原有的以资源消耗型和环境污染型为主要财富增长方式的经济发展道路和社会发展模式，文化产业作为一种新的生产力形式和内容改变了原有的人类社会发展的生产力结构，从而使知识经济以文化经济的全新转变而成为现代国家发展的“低碳经济”；（2）由于文化产业是在购买人们的精神消费的过程中实现财富的创造，因此，它不只是改变了财富的创造方式，而且还改变了人们如何改变自己精神生产和精神世界的空间结构，因而具有一种物质性创造所不具备有的深刻的解构和建构现代精神世界空间的无形力量，正是这种力量改变了人们的国家间的文化和精神空间的原有格局，影响和改变了人、国家和社会的发展走向与秩序建构。文化产业兼具经济和文化的双重属性以及精神和物质的双重力量，使得它在世纪之交迅速地成为现代国家重新安排国家产业调整和建构新的产业结构布局的重要选择。国际政治、经济、文化及其相关关系在这个过程中被迅速地重组，而“文化霸权主义”、“国家文化安全”等也由于深刻地反映了在这一过程中的文化不平等关系，揭示了在这个过程中出现的超越了文化交流和文明交融的“文明冲突”，威胁到了一个国家和民族的文化生存与文化发展的现实危机性而成为新的主流词汇。文化产业的准入与反准入成为国际竞争和国际较量的重要领域而占据了新的外交空间。文化产业正是在这个过程中凸显了它在整个国家生活中的重要性和价值，从而使之具有战略性。尽管不同的国家在这个问题上的政策与战略表达具有各国政治决策的特点，但是，凡是现代文化产业发达的国家没有不把它放到国家战略地位的。在现代国际关系体系中，没有发达的文化产业就没有话语权。国际生活中的话语权因发达的文化产业而拥有。因此，我们说，文化产业不只是经济和文化，而且还是制度和战略，是一个国家的文化制度和国际战略。

正是由于文化产业具有改变现存文化发展与经济增长的价值与功能，当文化产业现代发展的成熟性程度、它在一个国家的国民经济和社会发展中所处的地位以及所发挥的作用和影响的程度，直接构成一个国家的综合实力和软实力的关键要素的时候，文化产业的现代发展就具有战略意义和战略价值，具有战略资源价值。开发这种战略资源、控制这种战略资源并且在全球垄断这种战略资源也就成为国际战略竞争的重要内容。

5.1.4 中国文化战略的核心价值观

突破传统的政府主导模式，逐步地实现政府主导向政府引导和市场主导相结合的方向发展，几乎是我国重建文化发展机制以来占主导性的政策和舆论意见。从纯粹的经济学意义来说，这一意见有它的合理性。但是，从文化建设和文化发展的意义来说，这一意见有它的片面性。政府和市场是两个完全不同的社会存在和社会发展机制。市场的特点就是它的盲目性，而文化的发展需要有明确的价值取向。这是由人类社会文明发展的自我选择机制决定的。人类文明不能发展，那么人类也就不可能发展到今天。因此，能够在多大程度上不断地更新人类社会的发展目标，校正人类社会的发展选择，不可能由无政府主义的方式来决定。政府作为人类社会发展到一定阶段所产生的社会机制历史地承担起了这样伟大的历史责任。人类社会数千年的演化发展史中一个最基本的社会动力就是政府的意志。正是这种意志主导着人类社会的进步，引导发展的方向及目标。即便如市场经济这种发展模式，虽然它有着自然生成的历史，但是，依然是政府选择的结果。因此，从广泛的文化意义上来说，市场及其形态也是政府主导的一个结果。没有政府的意志以及由这种意志形成的政府主导，就不可能有一个时代、一个时间文化的发展。一个时代文化和文明发展特征与这个时代的政府意志有着直接因果关系。这就是马克思所讲的一个统治着物质资料的阶级，一般来说也统治着精神生产的资料。统治阶级的统治思想也是这个时代的统治思想。因此，从文化建设和文化发展的战略来说，一般意义上的实现从政府主导向市场主导转变是不真实的，即便在今天被称为市场经济自由化程度最高的国家——美国，确保美国的价值观和美国人的生活方式，历来都是《美国国家安全战略》的最核心的内容之一。美国政府从来都没有放弃政府在文化及其产业发展上的政府主导权，所存在的区别只有美国式的政府主导。因为只有政府主导，才能实现一个国家和民族文化的可持续性发展。因此，未来中国文化战略的发展模式应当优先考虑文化的可持续性发展，而不是无限制的经济增长。

不能狭隘地将文化的发展集中在一般经济学意义的投入产出上，必须赋予投入和产出新的内涵和价值。文化发展的经济效率和经济目标只有和文化资源的积累和文化生态系统的有机结合才符合人类自身发展目的。文化资源和文化生态系统的可再生性和有机性是一切人类共同赖以生存的必要条件。因此，文化产业不是消费文化资源的机器，而应是文化资源再生的工作母机，是文化发展的生产力形态。当没有文化产业，文化不能得到可持续发展所必要的生命机制的时候，文化产业发展是人类社会文化可持续发展的重要形态和载体，同样，当文化产业只关注经济价值和经济效益的无限制增长而不考虑文化的积累和增长的时候，文化产业的无节制扩张就成为文化可持续发展的严重的社会生物学灾害。因为，它会导致文化多样性的消失，而文化多样性恰恰是确保文化可持续发展必不可少的文化生态系统。而只有在政府主导下才能做到这一点。因此，必须在文化可持续发展与文化产业经济增长之间保持以文化优先为价值导向的战略平衡，在文化产业的社会政治稳定和文化产业的经济增长目标之间实现以可持续发展为价值导向的文化战略平衡。

文化发展所必需的司法体制建设的落后，使得中国文化战略发展不断地遭到来自美国的法律制度体系的挑战。谷歌与中国政府冲突的实质，是关于国家文化管理的核心价值观博弈。谷歌所挑战的不只是一般意义上的文化审查形式和内容，而是建立文化审查制度所赖以存在的一个国家根本的文化价值体系，是这个国家文化管理的价值底线。在谋取最大规模的商业帝国的同时，是对所有与此目的相冲突的文化审查制度的彻底颠覆。因为，谷歌知道只要存在着国家文化审查制度，谷歌就不能彻底垄断国际搜索引擎，彻底的垄断和彻底的占有只有通过彻底的颠覆才能实现。对中国来说，如何维护国家最基本的文化主权，不能一般地停留在国家文化安全的层面上思考问题，而是要从国家文化战略的核心价值观建设层面上着手。

国家文化安全不是被动的国家文化制度安排，而是国家文化战略建设的主动设计与谋划。任何一种文化制度的设计安排，都是一定历史条件下人们对自己所处文化条件下安全状态评估的产物。它有防御和抵抗性的一面，同时也应该有主动设计、积极进攻的一面。单纯的消极防御不可能产生积极的创造性的文化战略管理的机制。国家制度博弈重在利益。不能建构一个有效的博弈制度，就不可能有效地实现对国家核心利益的维护。从这个意义上说，制度就是利益。因此，在我国文化的整体性生存环境与条件已经发生了巨大变化的情况下，根据变化了的内外文化条件进行制度创新，使之既能满足我国文化战略发展的根本国家利益，同时又能适应变化了的国家形势，掌握国家文化战略发展的主动权，最大限度地避免在制度博弈领域里受制于人。要对可能遭遇到的文化制度挑战和文化制度博弈超前预警，从而把可能导致的战略损失降低到最低限度。我们不能拿利益作交换，而是要拿制度作交换。制度交换制度。恰如中国加入世贸组织，自然在美国获得最惠国待遇，而不用再接受美国国会就中国最惠国待遇问题的利益交换。

战略是一种制度关系，是一种关于制度的理解和体现，是一种在一定的制度条件下是维护还是改变制度的表达。对 2010 年谷歌公司要求中国取消网络审查所引发的事件，美国国会在 2010 年 3 月 24 日召开听证会，就“谷歌事件”“检视中国互联网法规”，“以及在这些法规下外国公司是否有表达意见的自由”进行听证。这是美国试图用美国法律干涉中国司法独立的行为。但是，我们不能不同时看到，在文化发展问题上的法律不完善所导致和造成的文化发展“困境”是严重制约我国文化健康发展、依法建设的制度性障碍。建立健全我国文化产业法律体系，使之在宪政的框架下运行，应该成为中国文化战略发展的重要内容。尤其是在中国文化战略发展的科学建构和有效实施方面，必须在关于文化的意识形态监管问题上克服传统的思维方式，通过在出版、新闻、电影、电视、互联网等一系列中国文化战略的核心领域制定国家法律，从过去关于上述领域里的已经明显不适应现代中国文化产业发展和国家制度建设需求的思想观念中解放出来，超越在文化审查和意识形体监管上的自我束缚，以充分的文化自信表现执政党在文化审查和意识形态监管领域里的成熟执政。

要使制度本身成为一种生产力，一种良性的生产力形态，从而确保文化战略发展所需要的文化生产力成长机制始终处于一种良性发展的状态，而不是总是通过或借助于临时性的非常手段和临时性的政策措施来促进文化的发展。不能把改革作为一种常态机制来规定，造成整个事业的战略发展总是处于一种动荡不定的状态之中，使人们总是处于“下一只鞋什么时候落下”的不安期待之中。这既不利于战略管理成本的有效控制，也不利于战略的稳定发展和它的可持续发展。因此，要不断地把改革的成果通过法律形式固定下来成为制度形态。倘若改革的成果不能以法律的形态确定下来，那么我们就要检讨和思考这一成果本身的合理性与合法性。必须克服“半部文化法律治中国”的文化发展困境，要构建中国文化法律体系，从而使得人人依法行为，政府依法管理，文化依法发展，社会依法进步。这就需要从中国长远的发展角度进行全面的基本文化发展战略理论研究和建构。它是我国文化产业制度建构的理论基础和指导思想。

5.1.5 文化产业创意

文化产业是经济发展在文化领域的反应，它不仅具有文化内涵更有着经济意义。基于文化产业这种双重属性，文化产业创意自然也是文化与经济的结合，它不仅是指将对经济利益的准求和文化创新结合起来的创意，还包括将文化产品和经济创新相结合的创意。所以文化产业创意不仅仅包括文化创意，还存在经济创意的这一问题，是文化创意和经济创意的结合。文化产业创意源于文化并高于文化，在对文化资源创造性的开发和利用的同时，也体现出文化对经济社会发展渗透力、影响力的拓展和挖掘。

“创意的本质是一种注意力经济。‘新奇特性’+‘销售力’+‘人性化’是它的支点。”文化产业创意除了具有广泛意义上创意的基本特征之外，还具有特定的时代特征。首先，文化产业创意具有知识性和艺术性。任何含有文化元素的创意的产生都是以知识为基础起点的，从创意的产生到创意付诸实际都离不开知识。知识是创意过程中最微小的细胞，是一切创意的根源。每一个创意的背后都蕴含着人类的智慧，虽然创意是突发奇想，一念之间产生的，但归根结底是长时间知识积累的结果。有了量的积累，才有质的飞跃，知识的积累促成文化产业创意的产生。而文化产业创意直面人们的文化生活，在生活的基础上进一步升华与艺术相结合，例如云南印象等大型实景演出的打造。其次，文化产业创意具有体验性。文化的产业化操作让文化艺术越来越多地走近人们地生活。与此同时，具有丰富知识积累和创造力的人也加入到了创意阶层的队伍里。出其不意、令人耳目一新的创意，让文化艺术转变为人们可以体验的创新性产品，给人们带来全新的体验和心灵上的愉悦享受。最后，文化产业创意还具有前瞻性和风险性。拒绝平庸是创意的动力，而创意的根本任务就是让原本平淡无奇的生活变得新奇有趣，这要求创意本身具有超前的洞察力和前瞻性。面对现实的挑战，只有跳脱出传统思维的束缚，想到众人的前面才能高人一筹。然而这种超前性和前瞻性本身就具有极大的不确定性，这也给文化产业创意带来了一定的风险。

5.2 文化产业创意形态

从 20 世纪 90 年代就开始从事创意产业的研究，被称为创意产业之父的霍金斯这样理解创意产业："什么是创意？我认为创意可以被简单的定义为"新点子"，有四个标准来衡量一个新创意：它必须是个人的、独到的、有意义的和有用的（personal，original，meaningful and useful，简称 POMU）由此可见，创意不仅仅是具有创造性的思维，它还需要转变为有价值的成果。约翰霍金斯指出，全球每天由创意经济产出的价值已经高达 220 亿美元，并以 5% 的速度递增，过去创意经济的整体增长是传统服务和传统工业的数倍。以美国为例，1996 年美国的文化创意产业就超越传统产业，成为最大宗出口产品。创意经济已经逐渐从重视效用逐步向重视价值转变。在这样的背景下，文化产业创意有着以文化为基础、价值为核心的不同形态。

5.2.1 文化产业创意

文化产业创意强调通过人类的智慧、想象力对文化和经济进行创新、创造活动，这其中自然涉及文化、艺术、科技、资本、市场以及经济组织模式等创新问题。文化产业创意的价值首先应当体现为具体的现实存在。创意是一种抽象的思维，它需要与各个行业具体嫁接，转变为有价值的具体的产品。这些文化产业创意产品，除了具有其他一般产品共性，即能够为消费者提供实用价值以外，还更加注重产品、营销、服务的创新性和审美性，蕴含时代人文价值在其中。正如凯夫斯在《创意产业经济学》中所阐述的，购买者对创意性产品质量评估是独立于产品的特性、风格之外的技术形态。文化产业创意推崇的是个人的创造力，活跃的思维，而这其中最根本的是知识和信息，特别的是新观点、新理念。但是这些思维大多是抽象的、松散和具有发散性的，这就需要一定的技术手段对文化产业创意加以整合。把新的理念、创新的思维、创造性的活动贯穿到文化产业的过程之中，让文化产业创意与文化、艺术、科技、市场融合到一起，重点突出中间过程对技术手段和管理方式上的转化，这便是文化产业创意的技术形态。如今立体逼真的3D版本电影、身临其境的大型实景演出等文化产业创意产品，都是依靠文化产业创意的技术形态和现代传媒的技术手段的不断改进和磨合创造出来的。如今，创意已经成为文化产业发展的主要科技的主要推动力量。文化产业创意的技术形态也逐渐被人们所认可，它从另一个侧面体现了信息时代科技的伟大征服力。在系列电影《哈利·波特》中，无论是夺人眼球的电影特技，还是立体化的营销推广网络的构建，都是文化产业创意的技术形态的最好展现。新理念、新技术、新经济模型、新文化形式是文化产业创意的技术形态的基础，是一切创意的出发点。文化产业创意的技术形态只有以其紧密的配合，在实践中更加广泛运用现代科技和管理理念，才能真正体现出创意的成果和价值。

5.2.2 有价值的文化产品

文化产业创意虽然可以通过独立的文化创意产品获得经济效益，但是文化产业创意的经济能量远不止这些，完整的产业体系能够让其释放更大的经济能量。也就是说文化产业创意产品虽然可以独立地存在，但更多需要借助相关产业而存在，形成完整的文化创意产业。文化、创意、产业是文化创意产业的核心要素，其中文化是内蕴、创意是核心、产业是根本目的，文化创意产业是将文化产业中的创意价值实现的市场过程。文化创意产业是在文化知识等积淀下，让个人或团队的创造性思维和创造性活动的成果通过市场实现价值，并形成产业链的过程。文化创意产业超越了一般意义上的产业概念，突破了传统产业的界限，是对产业链中文化创意环节的提炼、分解与重组。

文化创意产业以巨大的发展前景、产品附加值高、环境污染少、资源能源消耗低等特点蓬勃发展起来，成为推动经济发展和社会进步的新动力。

5.3 文化产业创意实践

文化产业创意实践，是将抽象的创意思维付诸具体实践的过程，是对文化产业创意的组成及动态运行过程的研究。它并不是对已经完成的创意进行客观分析，而是要了解文化产业创意的产生方式和保障要素，以及这些要素究竟是如何作用的。

5.3.1 文化产业创意的生成过程

任何的创意活动都没有固定的、一成不变的生成模式。但通过长期深入的研究不难发现，创意在生成的不同阶段中都有着突出的特性。首先是创意的准备阶段，这是一个发现问题、提出问题的过程。社会实践活动的预期效果和实际效果常常会存在一定的差距，人们的主观期望也就同客观现实之间随之形成客观矛盾。要想解决这一问题就需要从新的角度去看待问题，需要创造性的想象力。在创意过程或创意生成的最初阶段，最重要的思维特点就是对旧观念的质疑、否定和抛弃。第二是创意的酝酿阶段。这一阶段是对提出的问题进行知识累积、材料收集、反复论证的过程。酝酿创意是一个艰苦的过程，要从多个方面对自己提出的问题进行各种假设、猜想，各种信息、知识在脑海中不断地重组、碰撞、磨合、渗透，由于这种创造性的加工是直觉的，因此要不断地考量、逻辑审核、否定、再创造。第三是创意的成熟阶段。创意是一个思维内容不断变动的过程，经过前两个阶段，传统的思维体系已经被打破，新的思维和想法也被纳入进来，逐渐产生了新的思维内容结构，并被稳定下来，这就意味着创意进入了成熟期。第四是创意的实践检验阶段。这是一个评价和完善创意的过程。实践对于意识的检验性也完全适用于创意，只有在实践中创意才能不断地得到改进。当然随着时间的流逝，任何成熟的创意都可能变成旧的，被新的创意所取代。创意，总是在生成、否定、又不断地生成，走向更高水平。

5.3.2 影响文化产业创意实践的因素

文化产业创意的实践，从内到外都需要由完整的机制结构予以保障。保障要素在不同程度上制约着文化创意产业的发展。解决这些问题对于文化产业创意的实践和文化创意产业的发展都尤为重要。

1. 文化产业创意实践的内在因素——文化产业从业人员

文化产业创意得以实践的根本是创意的产生，而创意是在文化产业从业人员对艺术文化的长期积累上瞬间迸发的。文化产业从业人员的文化素质和知识结构水平直接影响着文化产业创意的生成和实践执行力度。当前，我国大部分文化产业从业人员自身的知识结构比较单一，创意意识和创意能力相对比较薄弱，这就使他们难于捕捉和形成文化创意。因此，提高文化产业从业人员的文化素质是文化产业创意实践的根本着手点。

2. 文化产业创意实践的外在因素

环境政策。文化产业创意的顺利实践，首先必须有一个良好的、有序的、有利于文化产业发展的政策环境，这是文化产业创意实践的条件和保障。如果文化企业四处碰壁、步履维艰，又谈何创意与实践呢？在经济全球化的今天，国际市场正在被逐步瓜分，文化产业这一最具发展潜力的产业中发达国家的发展优势也日渐显著。大多数发达国家的政府依照不同文化产业链的需要承担着不同角色，竭力使文化创意产品实现自由生产和流通。美国政府在20世纪70年代以后就充分利用其国际政治经济优势支持本国文化产品占领国际市场。并且实行对内放松管制，对外扩张的基本美国文化政策。文化产业的崛起对我国既是机会也是挑战。文化产品属于精神领域的产品，具有很强的排他性，一旦失去市场就难以再次占领。因此，政府部门应该调查了解市场需求和自身的优劣势、分析国际环境等各方面的因素，发挥宏观调控的作用，有重点有目标地扶持文化产业的发展。

积极有效的培养、吸引创意人才机制。《英国创意产业路径文件》曾经明确强调了个人的创造力、天分在创意产业中的巨大作用。文化产业创意及其实践也是以人的创造力为核心。人的创造力不可估量，即使在外部资料困乏的情况下，人的创造力一旦被激发，它所发挥的作用也是巨大的。创意人具有强烈的创新欲望、深厚的人文素养，在政府的鼓励和培养下迅速地将自己的创意付诸实践，转化为现实生产力。如今欧洲等国在文化产业创意人才方面极具竞争力，多年的培育和充分的发展空间让创意人才多会于此。创意人才作为文化产业的最核心因素，其素质的具备并非是自然天成的，而是具有自身固有的规律，因此培养和学习才是其成才的必要条件。

第 6 章　文化产业的价值创新

文化产业发展的关键是看能否形成规模经济，而规模经济的形成决定于是否可以利用更多的技能。一般来说，文化产业所需要的技能及支持机制包括技术性能力、创业技能和领导力三个方面的能力。文化生产活动最重要的基础是技术，无论是手工技艺、机械技术还是数字技术、网络技术。文化技术通过文化变革来推动世界文明的发展，不同的文化技术推动形成了不同文明的价值体系和社会环境。如果说产业结构的转型以技术为演进逻辑，那么文化产业的发展就是以文化与技术的双重逻辑为驱动要素。文化技术正是这对双重逻辑的联系纽带，促进了文化产品的价值转换是文化产业发展壮大和结构调整的内在机制。

6.1 文化技术的发展现状

按照文化技术具体形态来分，文化技术可以分为文化物品制造技术、文化信息传播技术和文化服务技术三类。其中，文化物品制造技术包括平面出版物、音像制品、工艺品等行业中的印刷、刻录、制作等技术和工艺；文化信息传播技术包括平面媒体信息、广播影视媒体信息、网络媒体信息的采集、编辑、制作、复制、传播等技术；文化服务技术包括直接面向消费者的体验服务和服务于文化物品制造和文化信息传播过程的某个环节，既可以独立存在，又可以共生发展。按照文化技术实现文化产业的文化功能来分，文化技术可以分为文化创作与表现技术、文化传播技术。其中，文化创作与表现技术包括机械加工、电子信息、化学刻染等创作与表现技术，将机械、化学、光学和电子信息等相关领域的最新技术应用于文化作品的创作、表现和生产的全过程；文化传播技术推动了文化的扩散和传播，包括网络技术、卫星电视广播技术、电影技术、电子广告技术、出版印刷技术。其中，人工智能、大数据、三网融合、3D 特效、数字出版是文化传播技术的发展趋势。

按照文化技术自身的发展生命周期来分，文化技术可以分为传统文化技术、现代文化技术和新兴文化技术三类，大致与新闻出版、广播影视等大众传播技术、互联网信息传播技术和移动互联网信息传播技术相对应。当然，文化技术的分类不是静止僵化的，不是简单意义上替代与被替代的关系。随着各国文化技术水平的不断提高和国际间文化技术的交流共享，文化技术越来越多地出现跨界融合、创新集成和产业协同的发展特征。总体而言，新兴文化技术呈现出数字化、网络化、大数据、移动化、泛在性的发展态势，对传统文化的传承与创新以及文化产业的发展产生了深远的影响。

新兴文化技术正在改变文化产业的生产方式。传统的文化生产方式具有线性化、作坊式、简单性的社会分工特征，无法解决文化产品市场需求的不确定性问题，文化产品的创作依靠大师、明星等创意人士的主观经验，文化产品的市场成功具有一定程度的偶然性。数字文化技术使得文化生产真正以用户需求为出发点，利用大数据平台自动记录、收集和整理社会个体在日常生活中透露出的消费偏好的信息数据，进行智能的决策分析，依托数字化的文化资源进行内容创新，做到精准营销。此外，数字影像技术、实感空间技术、感性认知技术和文化内容创新管理技术等高端文化技术，被充分整合进遗产、艺术、传媒和创意等各个层面的文化创作、生产、传播与消费，不断创造出新的价值。

新兴文化技术正在改变文化企业的商业模式。网络文化技术促使文化产业生态链的建立。在文化产业生态链中，无论是大型文化航母还是中小微文化企业，乃至个人文化创意工作室，都可能被网络文化技术平台合理有效地整合在一起，彼此成为对方的文化产业供应链、生产链或价值链环节的重要一环，实现信息透明、地位平等、价值共享、和谐共生。网络文化技术将帮助企业不断创造新的蓝海市场，打破硬件制造与软件服务、创意生产者与内容消费者、公共文化事业与经营文化产业之间的界限，不断延长价值链和拓宽产业链，创造可持续的社会效益和经济效益。

新兴文化技术正在改变人类社会的生活方式。泛在文化技术（U－Cultural Technolgy）在智能网络、高端技术计算机、人机交互技术和其他数字基础设施的支持下，促进物联网与互联网、移动互联网的充分结合，将人类社会转变为泛在社会（Ubiquitous Society）和智慧社会。在泛在社会里，所有的人、事、物、组织、信息被无时不在、无处不在地以点对点的网络状态进行动态化、持续性的连接和整合，现实世界的各种信息被网络世界智能化地采集、汇聚、决策和反馈，实现了整个社会的有效组织和科学管理。泛在社会是人类社会进入信息社会的新阶段，是后现代意义上的文化社会，从根本意义上重塑了人们的生活样式。

6.2 文化资本的转换机制

文化资本是人类文化活动的积累，是精神生产的积淀，是知识劳动的结果。文化资本是以身体化状态的文化资本为基础，衍生为物质化形态和制度化形态，是人的能力、行为礼仪、语言、教育、品质、价值观念等以生活方式的形式表现出来的人类文化生产的全部结果，包括文化素养、文化技能、文化产品和文化制度等多层次的内部结构。文化资本是一种非物质资本和以财富为表现形式的象征资本，是人类价值创造的重要生产要素之一。文化资本是一种具有再生产性的资本形态。

文化资本不管是以自化状态，客观化状态和制度化状态等何种状态存在，不管是有形的或无形的存在方式，从本质上讲都是一种象征资本。象征又称符号，系指“关联、联想、习俗和偶然的相似，某物代表或者暗示其他事物，尤其是有形事物成为无形事物的符号”。象征价值是一种超越物理属性和功能价值的精神价值，是消费者可感知的主观价值，是消费者的主观感受、社会认同、角色塑造、精神净化和自我实现的精神需要的互动满足。鲍德里亚认为消费社会就是一个以象征消费（符号消费）为特征的现代社会。象征价值逐渐取代功能价值成为消费的主体，文化资本的生产也就是意义的生产，象征价值的消费通过社会沟通实现“艺术共赏”，具有非个人独享的集体价值的网络特征。文化资本与经济资本、社会资本之间的资本转换通过象征资本的交换而达成。

人类社会的物质生产活动、精神生产活动和社会活动是一个有机联系的人类活动的整体，不仅文化资本的不同存在状态之间，而且不同资本形态之间都会发生互相转换。身体化状态的文化资本可以转化为客观状态的文化资本和制度化状态的文化资本。一个人的文化能力和知识水平，要通过书籍、作品等客观化状态才能表现出来，才能获得社会制度的认可；一个有才华的人只有得到社会的认可，才能有更多的机会发表作品。一个拥有强大经济资本的人购买了大量的客观化状态的文化资本、比如书籍、古董、艺术品，只有通过不断学习、接受教育等文化劳动，才能将它们变成自身的文化能力，从而提高自身的鉴赏能力和审美素养。

资本是人类一般劳动的凝结，物质劳动凝结为经济资本，精神劳动凝结为文化资本，社会活动凝结为社会资本。这些资本从人类一般劳动价值立场来看，在商品经济和市场经济的交换规则下，可以进行价值交换，从而实现资本的形式转换。资本之间的转换是在场域间进行的。社会结构由不同场域间的权力张力构造而成，场域规训了一个主体进入其中后应该具备和常态表现的行为特征、表达方式和思维偏好。惯习通过资本的作用，将场域建构成“一个充满意义的世界，一个被赋予了感觉和价值，值得你投入、去尽力的世界”。惯习塑造了场域，场域也主导了惯习，惯习让主体拥有了不同的文化资本，不同的文化资本主宰了场域的权力结构。场域中主体地位的变化和场域间主体关系的转化，是资本关系的变化和主导资本的转变。

文化资本具有经济功能，可以转换为经济资本。经济资本能够创造剩余价值，是劳动、土地、原材料等要素的生产组合的结果。土地、原材料等生产要素的价值性通过劳动才能体现出来，只有劳动才能创造剩余价值。随着社会发展、技术进步，文化在劳动过程中占据了越来越重要的作用，技术知识和价值信仰等资本化的文化资源对社会经济的发展起到了积极的作用。效率本身有两个基础，一个基础是效率的物质技术基础。原材料、机器设备、厂房等构成了效率的物质技术基础。另一个基础是效率的道德基础、文化基础。如果仅仅有效率的物质技术基础，只能产生常规效率。超常规效率从哪里来？超常规的效率来自效率的道德基础、文化基础。因此，对文化资本和经济资本的掌控，就成为社会主体控制社会生产、主导场域权力的重要手段。比如，作为身体化状态文化资本的意识形态是外部效益极大化的文化资本，可以帮助对他和其他人在劳动分工、收入分配和现行制度结构中的作用做出道德评判，较大的意识形态拥有量能减少消费虔诚的影子价格，个人搭便车或违反规则的可能性较小，任何政府都通过意识形态教育投资来对个人意识形态资本积累进行补贴。占主导定位的社会阶层通过文化产品的生产与传播、教育制度的实施和文化制度的资格控制而形成“象征霸权”和“文化霸权”，并在此基础上形成“经济霸权”和“社会霸权”。在这里，身体化状态的文化资本和制度化状态的文化资本就转换成经济资本了。文化资本家和经济资本家在社会生产的整体要求下成为和谐共处的生产主体，共同推动社会的精神生产和物质生产成为统一的社会型的全面生产。而客观化的文化资本，由于其象征价值附属于一定的物质载体，其本身就是文化价值与经济价值的统一体。客观化的文化资本通过市场交换可以直接转化为经济资本。经济资本通过物质投入、货币投入，可以用于学习、教育和原材料购买，提高人的文化素养和知识能力，购买书籍、艺术品等文化产品，获得文化制度认可的能力证书和文凭资格，可以将经济资本转化为文化资本。在文化经济时代，文化资本甚至可以雇佣经济资本。在文化产业领域，文化资本的投资收益远远高于物质资本的投资收益。

文化资本处于一种制度化的社会网络中，既可以直接转化成社会资本，也可以借助社会资本，扩大经济资本。社会资本是实际的或潜在的资源的集合体，那些资源是同对某种网络的占有密不可分的，这一网络是大家所共同熟悉的，得到公认的，而且是一种体制化的关系。换句话说，这一网络是同某团体的会员制相联系的，它从集体性拥有的资本的角度为每个社会成员提供支持，提供为他们赢得声望的“凭证”。社会资本通过节日、仪式、馈赠、拜访、礼仪、社交等社会活动，实现社会关系的再生产。拥有文化资本的社会主体是社会关系网络中的行动主体，凭借社会身份和社会规约享有社会网络带来的实际或潜在的利益，从而占有社会资本。社会资本不能脱离经济社会和文化资本而独立存在，需要经济资本和文化资本的持续投入。社会资本以参与性的社会网络和场域空间为载体，以信任、规范、权力为基础，以团体制或集体性的共识为实现形式，是一种可以获得利润潜能的生产性资本，是一种社会性的非物质资本。社会资本依托基于象征性建构的社会关系网络，是一种集体性的社会环境，由不同的个体组成。社会资本是一种处于人与人之间的无形资本。在文化经济社会，文化产品作为一种象征性财货，必须通过社会网络关系建构一种上帝式的论说体系，通过社会沟通建立消费者对文化资本的群体认同（社会资本），才能实现经济资本。

文化资本、社会资本与经济资本之间相互转换的基础在于象征资本。象征资本是特权、名声、神圣性或荣誉的累积程度，建立在知识、认知和认可的评价基础上，当我们通过感知范畴把握这几种资本时，其呈现的就是象征资本。所有的资本都呈现为象征资本，在不同时空环境下的不同社会资本主体把握不同的资本形态，呈现出不同的象征资本。象征资本的生产是对文化资本、社会资本和经济资本等所有资本进行的象征性的再生产，象征资本展示的是一种象征利益，通过非经济的交换形式实现资本的转换。比如，社会资本以信任、诺言、义务、荣誉、威望等形式实现经济利益，文化资本以艺术创作、学术成果、文凭证书等形式实现经济利益，艺术品的价值的生产者不是艺术家，而是作为信仰的空间的生产场，信仰的空间通过生产对艺术家创造能力的信仰来生产作为偶像的艺术品的价值。象征资本是有限生产场域，即文学艺术场的主要支配力量。象征资本连接各种资本形态的功能，在本质上是一种观念创新和符号交往，通过语言、声音、手势、眼神及用以传递信息的其他身体动作所产生的符号的意义，被每个交往主体加以阐释并达到均衡，实现象征资本的“符号交往主义”功能，进而实现“观念经济”的新经济转型。

在很多情况下，文化资本很容易与人力资本和创意资本的概念相混淆，人力资本是劳动者通过教育、医疗保健、工作、迁移等途径凝聚在人身上的一种资本，它表现为一种能力，可以用来提供未来收益。与人力资本相关的概念还有“精神资本”“个人资本”“知识资本”和“智力资本”等术语。人力资本是一种能增加劳动者价值的资本，不同于土地、机器和原材料等经济资本。技能、知识和才能等人力资源的生产投入是劳动者素质作为社会生产的一种资本表现，并能为劳动者带来经济资本。劳动者用人力资本作为社会生产的投入，可以带来未来的满足和收入，可以换取资本家以经济资本作为社会生产的投入所获得同样的经济资本的回报，通过市场交换，人力资本转变成具有物质形态的经济资本，劳动者也可以变成“资本家”。人力资本作为劳动者的基本财富，是劳动价值论的回归，反映了劳动者作为生产者和消费者的能力，内化为人的身体之中的一种能力。除去体能的人力资本就是全部的文化能力，也就是一种身体化状态的文化资本。

创意资本是一种核心的人力资本，是文化产业发展所需要的最重要的文化资本。创意是催化和实现某种新事物的能力，使人类进入后工业社会时代对科学、技术和知识产权的价值肯定。创意资本特指那些能够建构新观念、新技术、新范式的创造想象能力，是把现有领域转变为或转化为一个新领域的很多行为、思想或产品。创意具有价值的无限性和创新的渗透性，作为一种人力资本转化为生产要素，就成为创意资本。创意资本由创意阶层掌握，这些创意阶层包括在文化产业、专业设计公司以及传统行业相关部门从事创意和设计的创意设计人士，包括在文化产业、专业设计公司和创意部门负责直接经营管理的创意经理人士，包括为文化产业及相关创意部门提供中介服务的创意中介人士。创意阶层向那些技术水平、人才聚集度和社会宽容度高的地区聚集，使得创意资本形成创意集聚，产生溢出效应，形成产业集群。香港学者许权从可测量的社会过程角度，扩展了创意资本的范畴，认为创意资本包括社会资本、文化资本、人力资本、结构或制度资本，加上创意的成果，形成评测文化经济成果的创意指数 5CS 模型。

文化资本的形成是一种社会制度的安排结果，即在财产权制度的规训下形成文化财产。文化财产是一种无形资产，在现代产权制度下的文化财产就表现为知识产权制度，文化资源成为经济主体可操控的文化资本，是现代产权制度框架下的知识产权制度安排的结果。文化创造所具有的精神价值、审美价值、历史价值和社会价值等并不能直接确立其作为资本的形式，而是现代产权制度架构并形塑了文化创造转化为文化资本的基本路径。文化资本大多是一种公共资源或准公共资源，文化资本也是一种公共占有性质的资本形态，具有非强占性和非排他性。而作为一种生产性的文化资源和文化资本，只有成为生产主体所完全掌握的独占性资源和资产处置权利，才能激励文化财产权拥有者的生产积极性，规范交易的风险。

6.3 文化技术的价值反思

文化产业具有“高附加值和高科技含量的新经济特征”，其所依托的文化技术曾是一个备受西方思想家们争议的对象。文化技术是文化产业的驱动要素，推动了文化产品的价值从单一的膜拜价值向展示价值和体验价值的转换，使得文化产品在文化产业语境下显示三大价值共生的符合形态。当然，文化技术创新不得取代文化创意本身，文化技术的表现形式必须服务于文化产品的价值内容。

6.3.1 机械复制的艺术生产：从膜拜价值到展示价值

本雅明创造“灵韵”的概念来阐述机械复制技术对艺术创作和文化生产所带来的深远影响。“灵韵”原本指宗教圣画中圣人头部背后的光圈，象征宗教信仰的神圣感，具有神秘性和令人顶礼膜拜的特性。灵韵是经典艺术的基本特征。“我们将自然对象的灵韵界定为一定距离之外但感觉上如此贴近之物的独一无二的显现。在一个夏日的午后，一边休憩一边凝视地平线上一座连绵不断的山脉或一根在休憩者身上投下绿荫的树枝，那就是这条山脉或这根树枝的灵韵在散发。”❶ 在本雅明那里，艺术作品的“灵韵”效应具有三个特征：第一，神圣性。艺术由于其诞生的原始时代与巫术祭祀的紧密关系而具有膜拜价值，而“灵韵”在很大程度上与这种膜拜价值内蕴的神秘性有关。第二，独一无二或原真性。艺术品的问世具备独有唯一和即时即地的特性，与创作者本人的艺术思维和特定的历史时代有着紧密的关系，具有毋庸置疑的权威性。艺术品的独一无二性塑造了艺术品的过去、现在和未来，在历史谱系上确立了艺术品的原真性。第三，不可接近或适度的距离感。赏鉴者只有在理智上和空间上与艺术对象保持一定的距离，以“凝神静观”的注视方式去获得。艺术品原作品具有的“灵韵”效应彰显了其膜拜价值。

艺术作品的本真是“它从起源开始可流传部分的总和：从物质上的持续一直到历史见证性”。艺术作品都是独一无二、无法进行技术复制的。电子音像时代的机械复制技术使得艺术作品原作的“灵韵”消失，再完美的复制技术也不可能复制出艺术作品的本真性。艺术品可以被复制，但艺术复制品里缺少了“灵韵”。艺术复制品不依赖于原作，可以借助一定技巧对原作进行创造性的摹仿，如运用照相技术突出艺术品原作的不同侧面，因而技术复制品具有一定程度的独立性。技术复制可以把摹本带到原作无法达到的地方，克服了原作的时空局限，创造了便于欣赏的可能性。机械复制技术对艺术带来了重大的影响，改变了艺术品的价值形态。

机械复制品技术促使文化产品完成了从膜拜价值到展示价值的转化。艺术作品的开端是生产为膜拜服务的塑造物。膜拜价值源于早期的巫术礼仪与宗教礼仪。随着复制手段的不断创新，艺术作品的可技术复制性逐渐将艺术作品从依附于礼仪的生存中解放出来，艺术的展览价值日益受到重视。本雅明认为，照相技术中人的退出是展示价值获胜的标志。人像在早期照相技术中依然发挥着膜拜价值的功能，非肖像的照片出现后，膜拜价值的最后一道防线被突破，各种照片开始成为历史的证明材料，具有一种隐含的政治意义，艺术的礼仪基础开始转向政治。

膜拜价值在于早期艺术品作为巫术、神秘主义、宗教神学的工具，参与社会生活实践；之后艺术品逐步独立，社会生活中某些神秘的沉思冥想保留

---

❶ ［德］瓦尔特·本雅明．机械复制时代的艺术作品［M］．王才勇，译．北京：中国城市出版社：90.

在物态形式的艺术品中，在人与艺术品的交流中反映了现实中的等级制、神权观。在机械复制时代，艺术品的膜拜力量退化。展示价值反映了机械复制时代艺术生产的价值特征。现代艺术供人观赏，不再具有神圣性和神秘性，艺术的展示价值满足了大众展示和观看自身形象的的需要。复制技术满足现代人渴望贴近对象、通过占有对象复制品来占有对象本身的欲望。摹仿代替了独一无二的存在，被复制的对象获得了新的活力。

展示价值有如下特点，以电影为例：第一，注重人机互动。演员必须经受视觉测试，电影演员放弃氛围，演员的表演分解为一系列片断。第二，表现客观世界。电影猛烈地进入现实，特写镜头延伸了空间，慢镜头延伸了时间，新式技术设备丰富了人们的感知领域。电影画面被一个个镜头拼接在一起，这种画面是由机械技术创造的直接现实的景象。第三，尊崇大众消费。现代艺术作为机械复制时代的产物，日渐成为供人观赏之物，而且也总是被制作得适宜于展示。作品不复具有神圣性和神秘性，越来越接近日常生活，满足了大众展示和观看自身形象的需要。大众喜爱艺术成为一种自然而然的集体经验。对新的复制技术所散播的文化产品的品质没有蔑视与反感。相反，在文化的革命与解放的立场上，对机械复制为无产阶级文化可能性给予了深切的关照。观众站在镜头的位置，而不是演员的位置，这便提升了一种批评的姿态。在新技术原则下，作者与观众并非出于固定不变的等级制位置，而是处于可逆的位置，这从根本上瓦解了艺术维护权威政治手段的功能。机械复制技术开启了“灵韵”文化膜拜向“民主”文化展示的转换过程。

展示价值的转换意味着文化是一个可以观赏的好处，可参观性取决于文化的可展示性。进入 20 世纪 80 年代以来，可参观性已经成为空间营造的一项构建原则，文化展示就是对丰富意义和价值的体验，文化展示正走向全球化；技术是当代文化展示的核心，互动是当代文化展示的一个主要特点；许多当代文化展示已经从官方的、仪式性的描绘转向民间，文化展示正采取混合的形式，将不同种类的参观空间放到一起；文化展示让人们在更集中的地域花费金钱；文化展示当中的世界都以复制品和模型的形式出现；文化展示在空间、时间、叙述或赋予主体的“阐释”技巧变得更为重要；文化展示遵循“可读性”原则；某种场合下，拼贴、混搭、反讽和分裂也成为文化展示的一种潮流。

6.3.2 文化工业的大众启蒙：从精英文化到大众文化

1947 年，德国哲学家阿多诺和霍克海默把本雅明所谓机械复制艺术生产模式定名为“文化工业”，对之进行了猛烈的批判。文化工业是资本主义的娱乐工业体系，在资本极权主义的操纵下把艺术创作转变为文化商品，具有商品拜物教的特点。这些文化商品包括报纸、杂志、小说、电影、唱片、电视等，都是标准化和同一性的文化复制物。文化工业是一种自上而下的单向度的生产，是对精英文化自由创造的压抑，文化彻底屈服于资本，所有的一切都是投资资本取得的成就，资本已经变成了绝对的主人，被深深地印在了生产线上劳作的被剥夺者的心灵之中；无论制片人选择了什么样的情节，每部影片的内容都不过如此。文化工业是一种福特主义的标准化生产，使得个性趋于消亡，产品越来越同质化和伪个性，给一切事物贴上了同样的标签。文化工业受制于技术机制，技术合理性变成了支配合理性本身，文化消费受文化广告的诱导，广告通过消费引导将消费者图示化，迫使它的消费者把它等同于现实，从而达到控制大众的目的，文化工业作为大众消费的启蒙，扮演着权力操纵和经济控制的角色。

文化工业批判理论的背景语境在于法西斯政治极权主义的德国和资本主义商业垄断的美国。霍克海默和阿多诺看到了文化与资本、技术的联姻，认为现代主义的启蒙理性是一种工具理性，大众似乎是任凭操纵的“文化白痴”。1963 年，阿多诺在《文化工业再思考》中解释了当初精心选择“文化工业”而回避“大众文化”的原因，“文化工业将陈旧熟悉的东西熔铸为一种新的特质，它的所有分支当中，产品都是为大众消费所设计，都在很大程度上决定着此种消费的性质，故此，多多少少都是有计划性制造的。各个分支在结构上如出一辙，或者至少是彼此契合无间，井井有条地被纳入一个几乎是天衣无缝的系统。当代的技术能力以及经济和管理的集中程度，使这一切成为可能。文化工业自上而下有意识地将它的消费者整合成一个模式”。在阿多诺看来，文化工业培养了大众的顺从性和服从性，文化工业生产的文化不是自下而上、自生自发的真正的大众文化，文化的救赎性功能彻底退出历史舞台。资本主义文化工业体系的娱乐消费与纳粹意识形态操纵手段的政治宣传如出一辙，成为一种社会的新型控制形式。

当然，尽管霍克海默和阿多诺原创的“文化工业”一词具有强烈的批判性和否定性意味，但却在文化工业批判理论中揭示了文化产业的本质特征：文化产业是一种面向先进技术的产业，是一种规模化复制化的产业方式；是面向市场的一种产业，具有一种商业性营利性的产业目的，以娱乐性的方式进行传播。霍克海默和爱多诺的文化工业批判理论具有历史的局限性，没有看到大众作为文化产品的消费者所起到的积极作用，以及文化产品在创意过程中对艺术创新价值的不断追求。文化产品能通过摄影、电影、唱片以及以后的电视、磁带、录像带大批量地生产，这种机械复制技术具有革命性和解放意义。

虽然霍克海默和阿多诺创造“文化工业”的概念，强调文化工业不是为了“大众文化”的生产，而是现代文化生产的扩散性的工业化形态，但文化工业规模化的生产是为了满足更大范围内大众的需要却是不争的事实。文化工业囊括文化生产机制的所有要素都是大众文化所具备的基本特征。这些基本特征就是众多的人数、流行的模式、低等的品位、平庸的思想和广泛传播。技术介入文化是 20 世纪最突出的文化背景，当代艺术生产就是一种商业生产。文化工业批判理论者的精英主义文化立场不可否定，特别惋惜文化工业把分隔了数千年的高雅艺术和低俗艺术的领域强行聚合在一起，认为这种聚合摧毁了艺术的严肃性。在文化生产过程中，文化的意义由阿多诺式的生产方式决定论变成了本雅明式的消费过程决定论。从机械复制的传统文化技术到文化工业的现代文化技术，再到网络媒介的新兴文化技术，数字化、多媒体、实时性、交互式的文化生产与文化消费互动模式，如网络文学、网络游戏、网页漫画等，模糊了文化创造与文化接受的界限，消费者也是生产者。网络媒介进一步推动了文化产业的大众化模式：以大众为目的、大众参与的文化生产。总之，文化工业开启了精英主义文化向大众文化的历史转型。在机械复制艺术时代，文化工业具有社会民主化的文化功效。

6.3.3 科学与艺术的融合：从科学技术之美到创意生活

德国哲学家海德格尔以人文主义技术哲学的反思立场，警惕技术对文化的消解作用，警醒着人类参照技术与艺术的关系时应该保有的伦理价值与人文精神。作为工艺、技能的技术是人类关于“制作的智慧”，海德格尔认为技术的本质在于以对象化的方式显现世界的一种真理或展现。技术不仅是作为手段的纯工具和人的行为，而且是作为“座架”的解蔽方式，用“摆置”和“促逼”的展现方式解蔽真理之领域。在这里，“座架”具有聚集的特征，现代技术以“预置”的方式展示“物”、构造世界，具有现代主义的建构性特征。现代技术渗透到了社会生产与经济生活的各个领域，使“物”成为“持存物”，乃至日益丧失独立性的人自身也有成为“持存物”被技术奴役的危险。现代技术以

“强求性的要求”把人类从地球上连根拔起，使得人类对自然实施无穷无尽的掠夺和压迫，把“有用性”作为评价事务的唯一标准。在海德格尔那里承载人的实用目的、实现一定实用功能的人造物即是器具。器具的有用性是一种基本特征，由于这种特征，器具便凝视我们，亦即闪现在我们面前，并因而现身在场，从而成为这种存在者。一个落入有用性的存在者总是一个制作过程的产品，它是作为一件为什么的器具而被制造的。艺术品虽是一个物，但不是一个纯然物，而是对存在真理的召唤，唤起人们对蕴含在存在者之存在那里的世界与大地的原始争执的记忆，以自己的方式开启存在者之存在。这种开启，也即解蔽，亦即存在者之真理，是在作品中发生的。在艺术作品中，存在者之真理自行设置入作品。艺术就是自行设置入作品的真理。天、地、生命、神是一个连续的整体，现代技术打破了这个整体，造成了它们之间的分离与冲突，人应该诗意地栖居，从技术统治进入到艺术救赎之路。海德格尔人文技术观之“思”，不是简单的技术悲观论或技术乐观论，而是站在更高的意义上，深刻反思科技与文化、科学与艺术的自觉关系。

英国科学家查尔斯·斯诺在 20 世纪 60 年代将知识分为科学知识与人文知识，认为科学技术与人文艺术之间存在“两种文化”的截然对立和剧烈冲突，作为自然科学的“科学文化和作为人文学科的”人文文化“之间存在难以逾越的鸿沟，这导致英国教育、科学决策和社会管理的纷争对立非常严重，带来社会发展的种种困惑，即所谓“斯诺命题”。斯诺命题强调自然科学家与人文学者在教育背景、学科训练、研究对象以及所使用的方法和工具等方面的差异，使其在文化的基本理念和价值判断方面处于互相对立的位置，采取相互鄙视、不屑沟通的交流态度。斯诺认为唯有超越两种文化藩篱，在对立冲突中融合为第三种文化，才能搭建起人文学者与自然科学家的沟通桥梁，让“理解鸿沟破裂”。美国心理学家约翰·布洛科曼提出“第三种文化”的解决方案，认为：涉猎领域更广阔、研究视野更开放、学术胸怀更博大的科学家，达到为公众写作、与公众交流而将科学知识通俗化、普及化和大众化的文化就是第三种文化。显然，这并不是斯诺所期待的科学与人文的交流与融合之后的新综合。

北京大学叶郎教授援引达·芬奇同时具备科学发明和艺术创作的天赋，证明了“第三种文化”的可能性：“达·芬奇的伟大成就表面，填塞左脑与右脑、空间与时间、物理学与艺术学之间的鸿沟是重要的，也是可能的。显然像达·芬奇这样把两半球的功能同时都发挥到最高点的只有他一个人，但是在自己的人生和创造中使大脑两半球的功能互相沟通、互相补充，从而使自己在科学艺术这两个领域其中的一个领域做出辉煌的创造性的成果，这样的人，在中外历史上也不少见”。显然，“第三种文化”应该是文化与科技的融合化、科学与艺术的一体化。在这里，西方社会的三只“苹果”成为三种文化的隐喻：亚当、夏娃偷吃的禁果是“文化的苹果”，蕴含着伦理道德与知识智慧；启发牛顿发现“万有引力”的苹果是“科学的苹果”，蕴含着宇宙规律的客观认识和理论架构的数学描述；斯蒂夫·乔布斯创造的商业帝国的苹果商品是“第三种文化的苹果”，同时蕴含着实用的科学功能和极简的艺术美感，是“文化与科技的苹果”，是“科学与艺术的苹果”。

科学与艺术是人类认识世界的两条道路，作为人类整体生活方式的构成内容，它们“同渠分流”，“在山脚下分手，在山顶上重逢”，内化融合为人类把握对象的整体能力。尽管科学与艺术认知世界的角度、方式不一样，但两者的统合在于美的追求。科学达不到艺术的程度就是作为科学不完备的程度，艺术如不体现科学美就意味着艺术的不成熟，在著名物理学家杨振宁看来，科学美是一种现象之美，理论描述之美，理论架构之美。科学美的表现形态是科学定律、数学公式、理论架构。科学美的表现形态是科学定律、数学公式、理论架构，代表了人类理性活动的最高成就，达到“超理性的宇宙感”，有可能使人们从逻辑的真进入永恒存在的真，从形式美的感受进入宇宙无限整体的美的感受。美感是发现真理的源泉，对科学美的追求成为科学家投身科学研究的内在动力。著名物理学家李振道提出“物艺相通”和“科艺相通”的命题，认为科学与艺术的融合在于二者都“源于人类活动最高尚的部分，都追求着深刻性、普遍性、永恒和富有意义”，并多次亲自策划科学与音乐、绘画、诗歌等艺术的交流、对话、研讨和展览活动。著名科学家钱学森和人文学家季羡林生前都呼吁：要培养原创型的创新人才，就要在学校大力推进科学、技术与人文、艺术的结合。著名文学家、博物学家弗拉基米尔·纳博科夫在艺术创作、文艺理论和蝴蝶博物科学等领域同时做出了重要成就，使他成为杰出者的原因除了家教、贵族气质的熏陶，更在于他看到了“真之美”，和“美之真”的和谐统一。他认为：没有幻想就没有科学，没有事实就没有艺术，以“诗歌之精确性、纯科学之邀请”的科学艺术融合观念作为人生追求的内驱力。

英国工艺美术家、文学家威廉·莫里斯有感于机械化大生产导致产品工艺粗糙、艺术风格同质化的倾向，强调艺术与技术的结合、实用与美的结合，重视艺术为大众服务，倡导以古典时期的美观实用的手工艺运动和设计行动抗拒资本主义工业化大生产，被誉为“现代设计之父”。莫里斯的艺术设计思想影响了德国包豪斯风格和设计教育理念，成为工业设计的科学典范。工业设计所追求的技术美，崇尚实用功能与艺术美感的有机统一，实现了产品功能价值与符号价值（文化价值）的和谐统一。工艺美术和工业设计追求有效用的艺术品和限量的收藏品的辩证统一，实践着艺术生活化和生活艺术化的创意生活运动。

创意生活是日常生活审美的社会实践。随着社会经济的发展，人们对自己的居住环境和生活空间有了更高的审美的追求、艺术的追求，日常生活审美消除了艺术与生活的距离。让艺术参与生活方式的建构，让一切产品在功能价值的基础上提升文化价值、审美价值。人类进入一个大审美时代。大审美经济就是超越以产品的实用功能和一般服务为中心的传统经济，代之以实用与审美、产品与体验相结合的经济。大审美经济形态形塑了人们新的创意生活方式，使得文化产业越来越受到重视。创意生活产业作为台湾地区独有的文化创意产业·美感之产业，是台湾第一个体验经济的推动计划。创意生活源于创意和文化积累，通过复合式运营，具有创意再生能力，以创新的经营方式提供饮食文化、生活教育、自然生态、流行时尚、特定文物、公益文化等行业的深度体验和高质美感，包括产品创意、服务创意、场所创意和活动创意等形式。创意生活具有核心知识的运用、生活风格的传达、高质美观的感受和产业文化厚度的重现等特点，旨在以场域和产品传达高质美感，以服务和活动传达深度体验。

6.3.4 审美经济时代的消费法则：基于身体美学的体验价值

大审美经济的标志就是体验经济的出现。美国学者派恩和吉尔摩指出：我们正进入一个经济的新纪元，体验经济已经逐渐成为继服务经济之后的又一个经济发展阶段……体验经济就是企业以服务为舞台，以商品为道具，以消费者为中心，创造能够使消费者参与、值得消费者回忆的活动。人们进行消费行为，不仅仅是购买产品的功能价值，更在于得到一种娱乐体验、情感体验或审美体验。计算机或数字化时代预示着人类已经进入以娱乐为中心的时代，计算机图像创造了一种新的引起视觉感官兴奋的景象以及从能产生幻觉的机器中得到乐趣的新的机会，娱乐成为取代过去 5000 年旧文明的新文明的基础，成为 20 世纪晚期以来人类社会占据优势地位的文化表征。

娱乐体验、情感体验或审美体验是“身体觉醒”的标志。受禁欲主义压抑，无论是中国“伦理至上”的儒学传统还是西方基督教“彼岸救赎”的神学传统，人类历史曾有一段漫长的理性压到感性、德性战胜直觉、逻辑遮蔽想象的“身体缺席”期。由于感知的统一性，当视觉看到时，其他感官会渗入进来。感知不仅是空间中的互动，还是时间上的进行。身体的统一性使得“当静听时，视觉、嗅觉、味觉和触觉，也在与听觉一道运行。不仅如此，当某一感官起作用带动其他感官协同加入时，还可以产生想象、回忆、语言和推理的运行。因此，体验包括了从感知到情感到精神的全部体验。在消费社会里，身体不再受道德伦理的压抑和理性知识的诘难而变得主动、积极和可塑。身体成为哲学、艺术和审美文化中最重要的主体、对象与活动，成为审美体验的本身。

美国实用主义美学家理查德·舒斯特曼从身心合一出发提出了“身体美学”，让身体成为日常生活的中心，让美学发挥日常生活的引领作用。身体美学包括分析的、实用的和实践的身体美学三个层面，在本质上不关心身体，而只关注身体的意识和中介，关注具体化的精神。舒斯特曼的身体美学使得“身体凸显”，包括身体感受、身体经验和身体意识，这样的身体美学对身体的复杂本体论结构有足够的认识，它认为，身体包括物质世界中的客观与指向物质世界的有意识的主体性。因此，身体美学不仅仅关注身体的外在形式与表现，也关注身体的活生生的体验。身体美学致力于改善我们对于感受的意识，因此，它能够更加清楚地洞察我们转瞬即逝的情绪与持续不变的态度。舒斯特曼开拓身体美学的意义，恰恰是对身心二分的反抗，修整劳动的身体、权力的身体、欲望的身体和魅力的身体的单向性，把身体的感官感知、心灵情感和精神意识沟通起来，恢复那个“身心一如”的身体本位。

消费社会是一个身体展示和身体表现的体验经济社会。体验经济社会是继农业社会、工业社会和服务社会之后的人类社会发展的第四阶段。体验经济关注用户的消费满足。身体意识的觉醒与身体美学的观照昭示人们在体验经济时代开始强调身体化的体验消费。体验意味着人们亲身体验的一切，包括感觉、意向、记忆、作用和要求。体验是人的生命本质，不是一般的经验，而是主体在活动或经历过程中积累的经验内容，是有感情色彩和审美意义的体味和升华。在这里，我们从文化产品的价值维度出发，为了区别同样有审美体验特征的膜拜价值和展示价值，按照本能、行为和反思三个层次，把体验价值分为感官、情感和精神三类。在审美经济和文化产业的规训下，数字传媒、智能网络和智慧技术将文化产品的展示价值进一步转换为感官体验、情感体验和精神体验的体验价值，以满足身心双修的身体美学的需要。其中，感官体验包括眼、耳、鼻、舌、身五官所发生的视觉、听觉、嗅觉、味觉和触觉五感，有机协调，动“一官”而牵“五觉”，营造一个侵入式的交感体验。情感体验是人的基本存在范畴，是主体受到外界刺激，情感得到激发和感染，产生某种“喜、怒、哀、乐”和“爱、欲、憎、恨”的感情反应，表现出客观对象是否符合主体需求的心理态度。精神体验是主体由于某种外界刺激，受到启发，引发思考，进而获得认知，达到精神共识，获得全新的认同体验，最终建构主体的新的生活方式。人的身体意识与产品的体验价值之间的消费具有互动、参与、娱乐和时尚的特点。因此，本能层次的感官体验是“以身感之”，行为层次的情感体验是“以心体之”，反思层次的精神体验是“以道验之”。在体验经济时代，体验已经成为商品的一种可供性，创造体验价值是获得商业成功的重要手段。

6.4 文化科技融合的创新

文化技术创新创造了一个现实与虚拟结合的世界，在某种意义上甚至比现实世界更现实、更真实。人类社会进步是以科学技术的重大突破为标志性事件的。新一轮科技革命和产业变革正在孕育兴起，一些重要科学问题和关键核心技术已经呈现出革命性突破的前兆，带动了关键技术交叉融合、群体跃进，变革突破的能量正在不断积累。即将出现的新一轮科技革命和产业变革同我国加快转变经济发展方式形成历史性交汇，为我们实施创新驱动发展战略提供了难得的重大机遇。以创新驱动推动中国经济发展方式的转变，就是超越依赖土地、矿产等自然资源的要素驱动，超越技术、资本驱动，以创新驱动推动产业升级。国家创新驱动战略也包括文化技术的创新战略。文化技术在中国被本土化表达为文化科技融合创新的政策命题，为实现传统文化产业的转型、现代文化产业的升级和新兴文化产业的突破而做出努力。当前，中国文化产业发展面临传统与现代、东方与西方、本土与全球、艺术与科技四个方面的统筹兼顾。文化与科技的融合不仅改变历史文化资源的传承方式和文化产业的生产方式，而且重构人们符合新时代文化样式的符号系统、制度系统和价值系统，重塑人们的当代生活方式。

文化技术可以分为硬技术和软技术，基于文化技术的创新模式可以分为“硬创新”和“软创新”。美国创新理论大师熊彼特提出了产品、流程、材料、组织和市场五种创新类型，将创新作为一种工艺转变和技术变革的生产函数，把创新看作工艺流程中发明、创新和传播三阶段的一个环节，希望为晚期资本主义寻找合法性的理论答案。经合组织（OECD）于2006年发布《奥斯陆手册》对创新做了整体性的描述，将“创新”定义为“在商业实践、组织内部的工作现场或外部关系中，一种新颖而有价值的改进提升，一种针对产品（包括商品和服务）、工艺流程、营销模式或组织方式的改进提升”，从而将创新分为产品创新、过程创新、组织创新和营销创新。这些创新都属于“硬创新”范畴，都是“功能性”创新，侧重于对产品实施技术性、科学性的功能改变。简单地说，“硬创新”就是以科技为主导的创新。

英国学者保罗·斯通曼提出“软创新”的概念，认为传统的“硬创新”忽略了“创作和出版的一本新书，发行和记录一个光盘，创作、排练和演出一个新剧场，创作、制作和上映一部新电影，开发和推出新的广告和宣传作品，设计、开发和推出新的服装系列，开发和推出一些新的金融工具，设计和生产一系列的新家具，设计者的新一代建筑形式设计及建筑活动，有关机动车辆的设计活动”等创新形式，而这些忽略的创新大部分就是“软创新”。“软创新”是一种主要影响产品和服务感官知觉、审美情趣、知识认知、情感诉求、社会认同的非功能性表现的创新。按照康德的判断力批判，“软创新”就是满足眼、耳、鼻、舌、身五官所产生的视觉、听觉、触觉、味觉和嗅觉“五觉”的审美创新。

按照马克思的商品价值理论，任何商品的价值都包括交换价值和使用价值。使用价值在于能够满足消费者的需求，可以是基本的生理性功能，也可以是社会性的心理欲求，是每件商品必需的特质；没有使用价值的商品是无法吸引消费者的。交换价值则来自等价物、抽象劳动、劳动时间等因素，商品在交换的过程当中，其价值需经过比较和诠释。商品的交换价值反映为价格——在消费行为中所付出的金额。一般商品的使用价值就是功能价值，文化商品的使用价值就是文化价值。功能价值指商品在物质功能上的满足；文化价值是指商品精神上的美感经验。“软创新”是针对产品文化价值的创新，是改变产品象征价值和符号价值的创新。

文化价值包括膜拜价值、展示价值和体验价值三种样式。膜拜价值是经由文化产品的原真性、在地性和距离性所带来的“光晕体验”；展示价值是经由文化产品的复制性、在场性和介入性带来的“震撼体验”；体验价值是经由文化产品的娱乐性、互动性和时尚性带来的“交感体验”。其中，文化产品的体验价值又分为三个层次：感官体验，即文化消费已经跨越了视觉和听觉，发展到了嗅觉、味觉和触觉一体化的立体感官体验，要充分调动眼、耳、鼻、舌、身等多重器官互动参与；情感体验，即文化消费通过故事驱动，通过个人情绪上的喜、怒、悲、恐、爱、憎等，达成个体“倾向于社会需求欲望上的态度体验”；精神体验，即文化消费产生的一种价值感召、信仰诉求和认同建构的一种高峰体验。体验价值是一种审美价值。这些价值都是传统的“硬创新”所无法解决的，需要借助“软创新”才能实现。简言之，“软创新”就是以审美变革为主导的文化创新。

文化创意与科技创新是推动产业升级和经济转型的两翼，文化创意是内容的创造，在有限的自我实现中拥有更精彩的实现。科技创新为消费者提供新的更高的价值。文化创意为产品和服务注入文化要素。巧创新是以科技创新为表征的硬创新与文化创意为表征的软创新的高度融合。文化与科技的融合创新是文化与科技的一体化发展，就是要超越单一的硬创新和软创新，关注硬创新与软创新的融合创新，达到“巧创新”，实现软硬巧施。巧创新分为产品的审美价值创新和产品的功能差异创新两个面向。其中，审美价值的巧创新推动了文化的产业化发展，带来了文化产业的规模效益；功能差异的巧创新是基于技术变革和价值突破的创新活动，包括垂直差异化和水平差异化，不仅在审美或认知上进步，而且在功能上也有改进。巧创新推动了产业边界的消失，推动了产业之间的融合。硬创新大多以专利的形式得到保护；软创新大多以版权、商标和工业设计权的形式加以保护。巧创新的保护机制最为关键的手段就是对知识产权的坚决捍卫，只有这样才能创造文化品牌，最终落实文化产权。

因此，从整体意义上讲，创新驱动就是文化创意与科技创新的双轮驱动模式。巧创新是一种智慧创新，是一种创意创新。如果说硬创新属于红海战略，软创新属于蓝海战略，那么巧创新属于绿海战略，是一种可持续的绿色创新。

第 7 章　国家文化软实力建构的战略性基础

国家文化的软实力是一个国家在国际文化战略竞争中所拥有的文化力量形态，是一个国家相对于他国而言的一种竞争形态和竞争力量，是一种只有在国际战略竞争形态的比较存在中才有意义的国家竞争力。

国家文化软实力的理论是最近才提出来并被广泛接受。但是，国家文化软实力作为一种文化历史早已存在。西域文化成就对我国汉代的影响，中国的大唐文化对周边国家特别是日本的影响；近代以来的全盘西化，新中国成立以后的“一边倒”都可以看到文化软实力在中国的历史境域。当“提高国家文化软实力”成为当前和今后我国文化建设与发展的一项国家战略的时候，如何才能实现这一伟大战略目标，什么才是提高我国国家文化软实力的战略基础，自然地成为当今中国文化发展与国家文化安全的重大课题。

7.1 以普通民众生活为基础塑造国家文化形象

一切历史都是当代史。从历史运动的轨迹去寻找和确立当今中国国家文化软实力建构的现实维度，应该是我们思考如何“提高国家文化软实力”的一个重要取向。

整整一个 20 世纪，如果从一个国家的文化对中国的影响而言，苏联和美国无疑是两个最具有影响力的国家。从“十月革命的一声炮响给我们送来了马列主义”，到创建“苏维埃”政权，实行“一边倒”的国家外交政策；从《母亲》《我的童年》《卓娅和苏拉的故事》到《钢铁是怎样炼成的》；从普列汉诺夫到文艺学理论；从《联共布党史》到“列宁装”，苏联和俄罗斯文化对中国 20 世纪的影响是全方位的。从国家制度到日常生活，从思想理论形态到青春偶像，这样的一种文化影响力不可谓不大，有的甚至在今天仍然是一代人挥之不去的文化情怀。对苏联早期音乐的念念不忘，电视剧《金婚》

中关于20世纪50年代中国年轻人的精神生活的描述，就为我们提供了这样一种案例。以致“莫斯科郊外的晚上”“红梅花儿开”“喀秋莎”至今都是苏联红星合唱团来华演出的经典保留节目。苏联式的计划经济模式和文化管理模式至今都还在我国的经济生活和国家文化生活中留有深刻的印记。

进入20世纪80年代，在不同的历史发展阶段，我们可以看到不同国家的文化在中国重新打开国门睁眼看世界的时候，是怎样地给我们带来深刻的文化影响的。然而，就整体性文化影响来说，能够与苏联和俄罗斯相比较的莫过于美国。

从现代化发展道路的国家制度安排：民主；到哲学社会科学理论的重新选择；作用于国家精英人群，进而影响国家现代化进程和路径选择；以好莱坞电影和美国篮球赛为代表的娱乐文化，同时影响精英和大众两个层面；以麦当劳、星巴克为主要代表的餐饮文化，同时影响青年大众的生活方式。也就是说，美国文化软实力是一个由制度文化、思想理论文化、大众娱乐文化和生活方式四个方面共同构成的一个文化生态系统，影响着20世纪80年代以来的中国现代化进程。包括我们现在深入研究的国家文化软实力理论，也是在吸收和借鉴了美国外交理论家约瑟夫·奈的“软实力”理论的基础上消化吸收之后提出来的。

无论是苏联还是美国，它们的文化之所以对进入20世纪以来的中国能够产生如此大的影响，其中一个重要的原因是中国人对于重建自己生活方式的一种根本性价值需求。正是这种需求，导致了中国人从制度文化、思想文化、学理文化和娱乐文化开始了世纪性的全新寻求和全球寻求。正是在这个过程中，苏联和美国先后成为中国效仿的对象。苏联是中国实现“共产主义”的榜样，美国是中国实现现代化的样板。无论是“共产主义”还是“现代化”，对于近代以来落后的中国人来说，都是一种“富裕生活”存在的象征，一种被向往的生活，而所谓苏联和美国的“文化软实力”正是在这个意义上才现实地在中国得到了全面的展现。因此，一切所谓制度创新、思想理论创新等都是一种历史表象，在这历史表象的背后，是一个国家和民族努力重建自己生活方式和生存方式的终极关怀和始终不渝的伟大追求。因此，我们不能被这历史的表象所遮蔽。我们应当保持和拥有一种透过表象把握本质的认识能力。特别是当一个近代以来落后的泱泱大国开始重新站立起来的时候，当它看到了曾经是它以文化的辉煌走在世界前列的时候，经济的发展和经济实力的增强使它又一次看到了文化作为一种力量的存在对于一个和平崛起的国家的全部战略意义和战略价值。因此，要实现和完成“提高国家文化软实力”这一伟大而崇高的战略目标，我们必须把立足点建立在以普通民众生活为基础的“国家文化形象的完整塑造”上。

国家文化软实力首先体现在他国的国民对你的整体生活状态和生活方式整体性的感觉上。这是一种审美判断。没有对一个国家民众生活文化形象的整体性认同、追求与模仿，无从谈及国家文化软实力。如果说，一个国家的硬实力是通过一个国家强大的国防力量集中体现出来的话，那么一个国家的文化软实力就是通过它的国民的整体性生活状态和生活方式所达到的自由和文明程度体现出来的。而衡量这一程度的标准集中到一点，那就是全体人民和全民族每个人的自由全面的发展。每个人的自由全面的发展是一种每个人的创造能力得到充分发挥、表达和实现的一种文明状态。它包含着民众对现有生活的审美态度、深刻理解、阐释和认同，因此，从这个意义上来说，它首先表现为一种精神的自由状态。一切物质性的生活都是这种洋溢于外的精神状态的表达和叙述。一个国家的文化软实力很大程度上表现为国民的精神状态、生活的满意度、意志品格和内在凝聚力。这一切主要来自民众对社会和新价值体系的认同。而生活方式恰恰是最集中的表现对新价值体系认同的活的载体。不能设想一个涣散的民族会拥有国家文化软实力。因此，作为一个拥有13亿人口、56个民族的大国，要实现中华文化的伟大复兴，没有一个能够凝聚全民族的核心价值体系是不可想象的，因为唯有共同的文化认同才可能凝聚起中华文化伟大复兴所需要的伟大的文化创造力量，而也只有这种力量才能从根本上建构起国家的文化软实力。正是这样的国家文化软实力才是国家文化安全的基础。这就是以每个人的自由全面发展为核心内容的普通民众的普遍性生活。

7.2 提高普通民众有吸引力的精神生活方式

在“软实力”的竞争中，社会制度、思想体系、意识形态、大众娱乐和生活方式之间的竞争构成了“国家文化软实力”竞争最主要的方面。那么有关提升我国国家文化软实力的路径选择，我们是否可以从中借鉴到对我们有用的文明成果呢？我们认为，中国国家软实力的构成和战略选择取向也可以是这四个维度。从制度层面、思想理论层面、大众娱乐文化层面和日常生活方式这四个方面构成和提升我国国家文化软实力。美国所有的文化形态都是“美国精神”的具体表现和感性存在。它不是某种外加上去的东西，而是美国人基于自己的文化价值观所建立起来的人与社会、国家与世界的一种系统方式。

国家文化软实力应当是这个国家普通民众日常生活方式合乎逻辑的一种体现，是这种生活方式的集中与提炼，而不是与这种逻辑关系的甚或是互相对立。所谓幸福指数就是建立在这个基础上，并以此为标准的。缺乏幸福指数的生活和生活方式，不可能建立起对他人的吸引力和影响力，当然也就无从谈起一个国家的文化软实力。那些表面上看来是一种所谓“茶楼酒肆里的戏曲清唱，街头巷尾中的秧歌表演”，在中国恰恰是国家文化软实力养成的文化土壤和精神基因，是幸福指数的生动表达。它们不仅“与那些耗资巨大的革命历史题材的影片”一样具有不可替代的影响力和吸引力，而且，那些“家喻户晓的电视连续剧”倘若不是和民众关于生命的终极关怀和生命存在的价值有着紧密的联系，又何以能产生“家喻户晓”的社会影响力呢？那些所谓“家喻户晓”的形态不正是“茶楼酒肆”和“街头巷尾”的“吸引力”和“影响力”具体的生态样式吗？在中国，倘若国家文化软实力是与老百姓的这种日常生活没有关系的一种国家存在，那就是没有意义的，那么所谓社会主义核心价值观又怎样成为全体老百姓的自觉行为呢？社会主义核心价值观倘若不能体现于、落实于人们的日常生活与行为方式，那么这种社会主义核心价值观的价值又在哪里呢？社会主义核心价值观只有成为民众的自觉行为方式和融合于人民的日常生活方式的价值选择与表达，它才能成为一种力量，成为提高国家文化软实力所需要的凝聚力量。美国文化如果离开了麦当劳、可口可乐、星巴克和好莱坞、迪士尼，只剩下了美国的国家意识形态，美国的国家文化软实力又怎么能具有影响力呢？美国在维护自己的国家安全中的两个非常重要的指标，一个就是美国的价值观，另一个就是维护美国的生活方式。这是被纳入《美国国家安全战略》的，是美国关于国家文化安全的两个最重要的指标。在美国人看来，价值观和生活方式具有战略性，美国的国家文化安全和国家文化软实力就是建立在这个基础上。因此，对美国生活方式的世界推广也就自然地成为美国实施国家文化软实力战略的重要内容，从而把美国的价值观深深地交融于对美国生活方式的赞美之中来吸引全世界注意力，以某种乌托邦的形式建构美国国家文化软实力，进而在这个过程中实现美国的国家文化安全。我们为什么可以对中国老百姓赖以存在的生活方式掉以轻心，甚至把它和我们正要建设的国家软实力对立起来呢？

在现代公共政策流程中，公众议程是最重要的议程之一，是反映民声、体现民意的最重要的途径和渠道，同时也是实现民众文化权利最重要的制度建构。当今世界已经进入公共外交时代。重视公共文化外交在国际交往和国家文化战略博弈过程中的重要作用已经日益成为西方大国在构建国家软实力中的一项极其重要的内容。有意识地通过民间的涉外活动提升国家形象的做法越来越成为现代国际社会的普遍选择。在现阶段，当中国的普通民众还不可能通过走出国门展示他们对现存生活方式的价值认同的时候，“原生态”的表达就是最好的“公共文化外交”。而这种“原生态”恰恰就是表现在“茶楼酒肆”和“街头巷尾”这样一些中国式的公共文化空间中。这几年来我们文化建设的一个最大失误就是对“茶楼酒肆”和“街头巷尾”的忽视。正是由于我们的忽视，这些地方成了我们必须用心加以建设的主要内容。我想这应该是建设覆盖全社会的公共文化服务体系的最重要的内容之一。建设覆盖全社会的公共文化服务体系当然要有硬件的保障，但是倘若不能与享有均等的文化权利相一致，尤其是确保基本的精神卫生安全和健康的文化权利，而是任凭各种恶俗的文化侵蚀民众生活的健康机体，仅有硬件是构不成体现民众幸福的文化指数的。当然也就谈不上形成文化软实力。因为这样一种生活方式没有吸引力，不值得他者仿效。

7.3 建立以文化民权为价值取向的国家文化软实力观

国家文化软实力的形成是全民族文化创造活力所实现程度的集中表现。一个国家和民族的文化创造力所达到的高度和程度，直接规定和影响了一个国家文化软实力内在质量构成的影响力和渗透力程度。没有全民族的文化创造活力，就不可能有一个国家的文化软实力。在这里，能否和在多大的程度上激活全民族的文化创造力，直接规定和影响了国家文化软实力形成和提高的可能性。就是要集中到“激发全民族文化创造活力”上来。能否和在多大的程度上“激发全民族的创造活力”，直接关系到“建设社会主义核心价值体系，增强社会主义意识形态的吸引力和凝聚力”这一中国文化建设伟大任务的实现程度。要实现这一伟大的历史任务，只有全民族文化创造活力充分激发才行。

中共十七大在论及“提高国家文化软实力”的时候，设置了一个极其重要的前提，那就是“激发全民族文化创造活力”，并且落实在“使人民基本文化权利得到更好保障，使社会文化生活更加丰富多彩，使人民精神风貌更加昂扬向上”。一切以人民的根本文化礼仪为遵旨。没有全民族文化创造活力的充分激发，哪来的国家文化软实力提高的源头活力？这恰恰是主权在民族精神的高度体现。在这里，中共十七大报告实际上早已提出了一个重要命题：文化民权。

文化民权是构建和提高国家软实力最重要的战略基础。民众的文化创造活力是一种最根本的文化生产力，也是文化民权最重要的价值体现，只有这种文化生产力的最大限度解放，民众的文化创造力才能获得空前的释放。这就需要我们在文化制度创新过程中引入“生态文明”的新观念，树立“文化生态文明”新文化发展观和新文化建设制度观。民众文化创造活力的充分激发只有在一个有助于这种创造活力激发的文化生态环境中才是可能的。而这种生态环境在当下中国就是在宪法框架下的言论自由、出版自由和表达自由的环境。这是建构国家文化软实力的战略性基础。生活方式选择包括物质生活方式和精神生活方式的选择，是最基本的民众文化权利。既然民众选择了国家这种自我管理形态和机制，并且是以让渡自己的某种权利来实现这种管理，那么，在宪法框架下实现包括言论自由、出版自由和表达自由的一系列生活方式，就应该成为民众基本的也是最重要的生活方式，而人们的一切关于生活的再生产和每个人的文化创造活力就是建立在这个基础上的。没有宪法框架下的言论自由、出版自由和表达自由，不可能有每个人的文化创造性活力。同样，不是以宪法为约束的言论自由、出版自由和表达自由，也不能认为是每个人的文化创造活力的充分激活。无政府主义构不成文化软实力。这在当今世界的国家生活中是有现成的例子的（如海地），因此，这就需要我们建立起以文化民权为价值取向的国家文化软实力观，并以此作为我们实现国家文化安全的保障。没有民众文化创造活力的充分激发，就没有国家文化软实力。国家文化软实力是全体民众共同创造的生活方式和精神家园的自然体现，而不是单一的国家文化机器的产物。在这里，“保障人民基本文化权益”“让人民共享文化发展成果”具有特别重要的意义。激发全民族文化创造活力最根本的就是要创造一种让每个人心情舒畅、生动活泼的充满激情、友善和信任的文化生态环境，使每个人的才华、智慧和创造的冲动都能够得到充分的实现。没有人民基本文化权益的充分保障，就不可能有全民族文化创造活力的真正激发那种提高我们的国家文化软实力所需要的文化生态环境，因此，民众文化创造力的充分激发应当是文化民权充分实现的结果。

作为一个国家文化软实力的形象性体现，我们当然不能没有国家大剧院，不能没有高大辉煌的城市剧院，但是仅仅有这些是远远不够的。我们必须要有能够体现和反映我们这个国家全部精神创造能力和水平的文化艺术作品，能够让世界体验到今天中国的文化给予人类进步的伟大贡献，并且由衷地接受这种贡献，就像他们接受孔子和中华文化的古老艺术那样接受我们中华民族今天的全部创造，而所有这一切，都只有建立在充分激活全民族的文化创造性活力之上才是可能的，只有全体人民的基本文化权益的充分实现作为前提才是可能的。没有全体人民基本文化权益的充分实现和全民族创造活力的充分激活，所谓提高国家文化软实力也就成了无源之水和无本之木。

主流文化不是“去民众化”的文化，相反，主流文化只有在融入普通民众的文化生活和精神生活中、在普通民众的参与中它才是有生命的。电影《集结号》之所以取得如此巨大的成功，特别是获得了广大观众和社会舆论的好评，一个最重要的原因就是以小人物的命运表现了一个重大的主旋律题材。这样的主流文化是与民众相呼吸的主流文化，是与民众的感情生活相呼应的主流文化，只有这样的主流文化所形成和产生的力量才能构成我们这个国家所需要的文化软实力。这种文化软实力来自和形成于民众对崇高与伟大的认同。只有认同才会产生力量，只有认同的力量才属于国家文化软实力的核心力量。提高国家文化软实力，就是要提高这样的文化核心力量。从这个意义上说，主流文化不等于主流意识形态，而是反映历史发展趋势的文化形态，反映民意主流的文化形态。意识形态凝聚力量是由意识形态内在魅力形成的，是国家文化软实力的核心要素和内容。当这种系统的历史表现于我们的文学艺术创作的时候，它所打动人心、给予人的灵魂的精神震撼是任何纯粹的意识形态说教所无法替代的。一部好的文学艺术作品和一部优秀的学术著作，不仅是文化生产力，而且也应该成为社会主义意识形态的吸引力。这种形态包含着对文化民权的尊重和认同。

7.4 实现民众思维的主体性建构

中国需要建设中国思维的主体性。失去了这个主体性，思维被美国化或欧洲化，中国很难成为一个真正的大国，尤其是一个可持续发展的大国，当然也更不用说拥有国家文化软实力。思维的主体性建构及其成熟程度可用来衡量一个大国是否真正拥有国家文化软实力。在这里，在学习西方的过程中，超越西方的文化经验确立中国自己的思维方式和思想体系就具有特别重要的价值和意义。因为，正是这种思维的主体性才是确定存在的主体性的唯一标准。而正是这样的标准才能够把你和别人相区别，你才能具有存在的价值；否则，你的存在就变得没有意义，只是别人存在的一种延伸和方式而已。中国国家文化软实力的建设与提高这一伟大目标的实现，其中一个最具战略性意义的任务就是要建设这样的文化主体性。同时，还由于这种思维主体性具有建构人的心理结构的重要意义，而心理结构和思维方式又是一个民族区别于另一个民族的显著标志，一切文化的生存都是它的外在表现形态，因此，建设中国思维的主体性，不只是要实现中国精英阶层思维主体性建构，更为重要和关键的是整个国家和民族、民众思维的主体性建构。因为，只有这样的主体性建构才能够完成和实现在国家战略竞争层面上的文化软实力的提高。一个国家必须要有一套自己的价值观作为支撑经济社会持续发展的基础，如果仅仅只是把外国的东西拿来，而没有自己的价值标准，那么，要想保持社会文化稳定健康的发展和提高国家文化软实力是很难的。

国家文化软实力是国家发展过程中的战略竞争能力，它是一种与其他国家的文化战略竞争过程中相比较而存在的一种能力。这种能力是通过这个国家和它的人民的整体性力量表现出来的，而不仅仅是它的文化代表性人物，尽管没有这样的文化代表性人物无以集中体现这个国家文化软实力所达到的一个高度。因此，重建“民众”在建构国家文化软实力中的不可替代的作用和确定“文化民权”在这当中的战略基础性地位，应当成为提高中国国家文化软实力的重要价值取向。

第 8 章　文化产业的公共责任

文化产业正在深刻地改变着我们的生活，改变着我们所赖以生存与发展的社会生态环境和文化生态环境。文化产业作为新的财富创造和增长形态正在被人们所充分认识，尤其是在金融危机下文化产业被认为具有“反经济周期性规律”的特点而能“逆势上扬”的语境下，大力发展文化产业获得了前所未有的战略性支持。作为公共领域的延伸，文化产业的公共责任似乎在 GDP 被忽视了。2009 年 3 月广东妇联开展“净化网络，护卫孩子——万名母亲网络护卫行动”，11 万多名妇女网上签名，参加“万名母亲护卫”以及 2009 年上半年中国政府连续开展的对文化市场清理整顿专项行动，反映出公民和国家对同一问题的正义诉求：文化产业的公共责任。

8.1 文化产业公共责任的起源

文化产业的公共责任是由文化作为公共领域的公共属性以及文化产业所生产和提供的文化产品的功能性属性规定的。文化产业是人类精神文化创造的重要表达方式与载体，文化产业尤其是核心文化产业却是以文化产品作为其存在方式与表现形态的。没有文化产品也就没有文化产业。文化产业及其所产生的文化产品是人类参与生产的物品中除粮食之外的唯一的生存必需品。它既是人类艺术与精神把握世界的方式，同时也是艺术和精神阐释自我、表达自我和解放自我的方式，是人的存在方式。正因为有了这种方式，人类社会才得以运用这一文明形态——相对于科学技术——不断地克服自我、超越自我中发展演化。没有文化产品的创造性生产，人类社会就没有艺术和精神慰藉的空间。而没有这种原创产品的规模化生产也就无法使得人类成为精神领域里的共同体。正是在这个意义上，文化产品成为人类社会共有的、须臾不可缺少的精神食粮，而文化产业正是生产和提供这一精神食粮的工作母机。

物质产品消费和精神产品消费构成了人类社会两大最基本的必须消费。在现代社会生活中，文化产品就像粮食、空气与水一样，是人们须臾所不可离开的物品。特别是处在危机中的人们需要得到某种精神上的调节的时候，文化产品带给人们心灵上的慰藉和满足是其他任何物质产品都是无法满足的。而这也正是我们今天给予文化产业发展以高度评价的重要原因。

人们都知道，当某一种物品一旦成为人们日常生活的必需品的时候，不管这是一种什么样的物品，这种物品便被赋予了一种责任，一种对所有人以及由这样一些人所共同组成的社会的存在与发展的责任，这就是公共责任。

一切为了人，属于生产的物品都有它的公共责任。只要这种物品是提供给人们消费的，无论这种消费是物质消费还是精神消费，它都必须有益于、有助于人的生存、发展，并且是健康的生存与发展的。因此，凡是有害于人类社会这一整体性消费需求的物品都将在被禁止之列，而不论这一物品是物质性的还是精神性的。卫生检疫和文化检疫在这里没有本质的区别。无论是作为公民还是作为社会组织都必须自觉地承担这一责任。由于这一责任不是针对某个人，而是针对整个公共社会的，因此我们就把这一责任称为“公共责任”。通过制度性设计与强制性行政手段来确保这一原则的实施，就是政府提供的“公共产品”。这就是为什么既要对一切危害人类健康、有害于人类社会生存与发展的物质产品的生产和销售进行管制，也要对一切危害人类精神健康、有害于人类社会生存发展的精神产品的生产和销售进行管制的重要原因。这就是为什么人们可以在物质产品消费上要求无论是私人物质产品生产者和提供商，还是公共物品生产者和提供商，也都必须确保文化产品消费安全的重要原因。如果说，在文化领域，公共文化物品属于公共文化产品，而公共文化产品主要是由政府来提供，属于公益性文化事业的话，那么，作为经营性文化产业所提供的主要是私人文化物品。私人文化物品属于非公共文化产品，而非公共文化产品则主要由文化企业通过市场来提供，这就是在中国被界定为“经营性文化产业”。由于无论是公共文化物品还是私人文化物品，都必须承担在满足人们物质与精神消费的同时必须确保人们的消费安全，这就自然地生成了两种不同性质的物品的共有的公共责任。这是由文化的公共性决定的。文化的生产可以表现为公共生产和非公共生产，但是，文化的公共性决定了无论是哪一种生产都应当是这种公共性的自然体现。因此，文化产业的公共责任不是外在于文化产业的某种力量形态或者强加于文化产业的意识形态，而是由文化内生于文化产业本体的规定，生成于文化产品作为人类生存的必需品的质的规定之中。

8.2 文化产业公共责任与人的文化安全

作为人类社会生存的必需品，由于文化产品所建构起来的精神营养体系直接地影响到它的消费对象的主体精神建构和文化认同与否，因此，必须衍生和导致它的第二属性的自然生成：安全性——文化的安全性。这是由文化产品所具有的公共性所决定的。在我国现有的关于文化产业一般界定和理解中，文化产业是被“经营性”来界定的。“经营性”是文化产业的市场身份，而不是它的“公共身份”，因此，文化产业属于“私人性”而非“公共性”范畴。文化产业的“公共性”属性并不是体现在它的行业的一般产业经济学分类上，而是体现在作为一个整体它所提供给社会的文化消费品的内容成分上，以及消费者对文化消费品所应当提供的公共价值的诉求上。正如消费者对所有的食品消费需求一样，安全性需求是除了生存性需求之外所有需求中最核心的需求。因为，安全问题会直接影响生存需求的实现与实现程度。由于文化产品的安全性是由生产该产品的文化生产系统决定的，因此，提供和维护公共文化安全也就自然地构成了文化产业公共责任的又一项重要内容。

维护人的文化安全的需求，尤其是未成年人的精神和心理健康安全的需求，这是最普遍的文化安全需求，也是最普遍意义的文化安全需求。现在世界上所有关于电影分级、网络分级的制度安排，对于色情网站的打击与控制，首先就是从未成年人的身心健康安全着眼的。未成年人的成长质量对于所有的国家和民族来说都是最直接地关系到这个国家和民族的未来发展的战略生命线。在中国的广大农村，生活在其中的广大农民，他们虽然没有现代社会所有关于公共文化安全的理念和意识形态尺度，但是，他们有最基本的用以判断是否涉及对下一代精神心理健康安全的本土尺度，那就是：让孩子“学好”还是“学坏”。这是中国农民诞生于农耕文明社会所建立起来的关于公共文化安全最基本的底线表达。在这里，关于“学好”还是“学坏”的考问，直接关乎一个孩子进而一个家庭乃至一个家族的前途与命运。只要触及“好”与“坏”这最后一条底线，维护未成年人的精神心理健康安全需求便立即成为他们本能的文化抵抗。这也就是为什么那些严重侵犯未成年人权益的各种色情网站、淫秽音像制品和所谓人体表演艺术一再会在农村遭到文化抑制的根本原因。2007 年，美国联邦通讯委员会就美国哥伦比亚电影公司等 36 家电影公司违规放映联邦通讯委员会所规定的影片进行行政处罚，其中一个主要的原因就是这 36 家公司在涉及未成年人的心理精神健康安全问题上违反了联邦政府的有关法律规定。从这个意义上说，公共文化安全与意识形态无关。最大限度地维护未成年人最基本的精神心理健康卫生与安全，是所有国家和民族都必须首先要提供的最大的民族与国家的公共产品。正是这种根本的安全需求内在地规定了所有文化产品的生产者和提供商的公共责任与社会义务。国家通过制度设计与制度安排来规范不同文化产业的内容生产、内容提供与内容消费行为，就是以制度性安排的方式规定了文化产业所必须要承担的公共责任。这是由文化产业作为文化内容的载体形态这一本质属性规定的。网络游戏产业是近几年来我国发展得最快的一种文化产业形态，然而，它也是造成我国现阶段公共文化安全问题最严重的领域。网吧经营业是网络游戏产业最重要的市场形态，据调查显示，我国 90% 以上的青少年网瘾者经常出入网吧，是网吧最主要的消费者。“我国青少年网络成瘾是世界最严重的，网络成瘾直接影响到社会和谐。”调查已经显示：当前我国青少年网络犯罪呈增长趋势。1999 年我国立案侦查的网络犯罪案件为 400 余起，2000 年增至 2700 余起，2001 年为 4500 余起，2002 年为 6600 余起。青少年网络犯罪已经成为严重的社会问题。而在我们的一些关于金融危机下文化产业“逆势上扬”的统计中，这恰恰成为最具有“反经济周期增长”的典型例证。更不能容忍的是“一些正规出版社竟成制黄帮凶”。殊不知在这背后，国家、民族、社会、家庭承担着怎样的安全风险。我们不能以牺牲整整一代人为代价来换取文化产业的 GDP 增长，“谁来救救我”这是百度贴吧里一个孩子的呼救。在今天，中国，还有比维护这样的公民和民族的根本利益更大的公共责任吗？

公共文化安全必然衍生国家文化安全。当公民把自己的某一部分权力让渡给集体并且组建国家的时候，国家文化安全的实现程度在某种程度上规定了公共文化安全的实现程度。不能认为一个国家文化安全处在危机中的国家的公共文化是安全的。在这里，法国小说家都德的《最后一课》为我们提供了一个极为典型历史文本：普鲁士占领军剥夺了一个法兰西小镇小学教授法语的权利，不只是法兰西国家文化主权的丧失，而且也是对包括这一小镇居民在内的所有法兰西公民文化权利的剥夺。一个国家一天没有粮食就会引发社会恐慌，同样一个国家如果一天没有精神食粮，也会引发国家和社会秩序的全面崩溃。这就使得文化产业具有国家文化安全的意义。在是否提供安全的文化产品问题上，每一个文化产品的生产商和提供商实际上都在以市场经济的方式承担着提供国家文化安全与否的角色和责任。某种程度上说，他们所担当的国家文化安全的使命与责任的程度，直接影响和规定了国家文化安全的实现方式与实现时间。问题是这并没有被大多数文化产业发展战略的决策者和实践者认识到。对于衡量与判断文化产业的社会贡献度，GDP 几乎成为唯一的指标。文化产业的文化属性被淹没在所有关于文化产业的经济原则当中。在今天，所有关于文化产业在金融危机下“逆势上扬”的各种报道无一不是用具体的 GDP 数字来表达。“提升国家文化软实力”的国家战略追求被消融在经济的“硬指标”当中。巨大的文化产业认识偏差背后潜伏着巨大的精神食粮安全危机。而所有这一切很有可能是以国家文化软实力的巨大文化安全为代价获得的，因此，我们必须认识到文化产业的文化属性。这就是文化产业作为一种国家文化软实力的重要实现方式，它的巨大的国家文化战略安全的缔造力量。如果仅仅把文化产业看成是经济领域里的一个产业部门，就不可避免地片面强调文化产业的产业功能，从而损害了文化产业的文化功能的发挥。

精神力量的存在是人类得以最后战胜一切困难的最后力量，这是人类之所以是人类的唯一的自我确证的存在。而人类社会在发展到民族国家的历史阶段的时候，国家间的力量构成除了物质力量进而发展成一个国家的国防力量之外，另一个能够改变国家间力量对比关系的就是文化。当文化产业发展到现代已经成为一个国家文化力量发展水平的重要标志的时候，文化产业及其文化产品就具有一种战略价值和战略意义，成为一种战略品。一个国家不仅要有足够的物质力量——军事实力保卫其疆土安全，而且还要有足够的精神力量——文化实力保障其文化精神领土的神圣性。文化尤其是通过文化产品形态输入的文化天然地拥有一种改变人们精神世界和文化行为、进而改变现存的一切文化关系和文化秩序的能力。这就使得文化及其产业形态具有了战略的属性。战略就是改变还是维护现状的力量系统和力量形态。当文化的这种能够改变或维护现状的能力以及文化产业的具体形态呈现出来的时候，文化产业便成为一种重要的战略品。这也就是为什么无论是在冷战时期，还是在国际战略竞争中、进而在寻求克服经济危机的时候，文化产业都始终是国家文化较量的重要战略工具的重要原因。文化产业是提供提升国家文化力量的竞争能力的最重要的战略手段。对一个大国而言，他不仅要大力发展文化产业，实施“文化走出去战略”，而且还要把文化产品的进口控制在一个与国家战略力量相平衡的范围内。

文化产业是文化产品生产与流通的过程系统和体制体系，是文化存在的最重要的生命形态。在今天，没有文化产业的现代生命形态就没有文化的存在和发展。由于文化产业的现代生命形态是通过文化产品生动地表现出来的，因此，从这个意义上说，文化产品的价值实现对文化产业具有终极性。提供价值系统和内容系统是文化产业的核心。虽然文化产业也创造巨大的货币价值，是现代经济发展与经济竞争的重要领域。但是通过和借助于文化产业的全球性扩张在获得巨大的货币财富的同时，推行和输出价值观体系却始终是世界文化产业大国的国家文化战略。对文化产业市场准入的限制和对市场准入制度的挑战都不只是经济行为，更重要的是文化政治行为，是以市场经济的名义实施文化外交与文化扩张的国家行为。因此，一个国家能够在多大程度上拥有在国际事务中的话语权和影响力，除了它的政治和经济影响力之外，一个最重要的实现方式就是它的文化产业在国际文化贸易活动中实现国际文化贸易顺差的程度。一个拥有巨大的国际文化贸易顺差的国家一定是拥有在国际事务中最大话语权的国家，也是最具有国家文化竞争力和影响力的国家。一个国际文化贸易严重逆差的国家不可能拥有巨大的国家文化力量。这种文化力量不是通过本国文化消费量来衡量的，而是由国际文化消费量来衡量的。这种文化提供不只是一般意义上的大众文化消费提供，更重要的是关于精英文化消费的提供。这种文化消费品的提供包括思想、理论、概念等有关人类与世界问题与想象的解释。大众文化与精英文化两个方面共同构成了国家文化力量的战略要素。不管文化产品的生产者与提供者是否意愿，在客观上所提供的都是文化安全、文化产品安全和文化主权功能。

文化产业是文化建设与文化发展的重要载体与表达形式。在今天，没有文化产业的具体形态就没有人类文化的创新与传承。特别是由于作为当今人类社会精神文明发展最主要的生产力形态，当不发展文化产业便不能有效地推进人类文明发展进步的时候，发展文化产业就成为人类社会文明进步最重要的自我选择。因此，能否和在多大程度上推进人类社会的文明进步和文明发展就成为文明赋予文化产业的一个重大使命，正是这一使命规定了文化产业自它诞生的那一刻起的公共责任。印刷术的发明催生了图书出版业，使得人类社会的精神文明跨时空传播成为可能，人类社会精神文明交往开始了文明发展的“全球同时凉热”的时代；近代科学技术的发展诞生了电影业，使得人类社会文明发展的图像和影像的生产、记录和保存成为可能，不仅使得后来的人类社会可以通过活动影像系统了解和看到以前人类社会的生活方式，而且，在今天更为重要的是为苦难中的人们提供一种让心灵和精神得到重新发现的愉悦和慰藉。而录音技术的发明以及由此诞生的现代唱片业则推进了人类声音文明史的发展，使得人类对于人自身的天籁般的声音系统的发展不断地超越人自身的文明局限。与此同时，为了使得这一切能够符合人类社会文明进步和发展，书报检查制度、电影分级制度等一系列文化管理制度也同时诞生了。虽然这些制度的诞生无不经历了不断完善的历史过程，有的时候，甚至还给人类社会的文明进步与发展带来了灾难，所有这一切文明发展的灾难并不能消除文化产业在它的历史发展过程中所承担的推进人类文明的使命和责任，如果不是这样，就没有人类社会不断探索新的文化生产力以及新的文化业态的必要。人类社会的文明递进就是在这个历史进程中演化过来的。

8.3 文化产业公共责任普世性与差异性

文化产业的公共责任不是一个凝固不化的抽象概念，而是不断地随着人类社会而不断增值的活态系统。由于文化产业主要是以文化产品的存在方式作为它主要生命形态的，创新、传承和表达文化是它的功能和职能。因此，一旦当这种文化功能表现为一个国家和民族文化身份和文化认同的生态存在的时候，它就演变和发展成为一种人类社会的权力方式和权利形态，在现代国家权利构成中成为国家主权的重要象征和重要内容。这就使得文化产业及其所生产和提供的文化物品具有文化主权功能。在现代国际文化体系中，文化产品和文化产业的市场准入制度就是这一文化主权功能的集中体现。主权在民，主权丧失，民亦丧失。维护文化主权就是维护一个国家最大的公民利益。而这种利益就是在文化上确认“我是谁”的根本文化认同。人类之间当然需要不断的文化和文明交流，这是人类社会的生命活力之所在。但是，在今天，尊重人类社会的文明多样性和多元化共存是国际社会的基本共识，遵循和恪守这一原则是联合国宪章所规定的共同行为规范，而所有这一切都是建筑在对国家文化主权的确认基础上的。这就构成了一个普世性的文化产业的公共责任。然而，也正因为文化产业具有文化创新、文化传承、文化认同和文化表达的功能，所以，对于一个国家文化产业发展制度和发展原则的冲击与解构，进而颠覆这个国家的文化产业秩序，也就成为现代国际文化战略竞争中一些文化大国实施的重大战略。这就进一步深化了文化产业公共责任的现代内容。因此，正是在这个意义上，关于文化产业领域里的电影分级制度，实际上就成为集中体现文化产业的这种公共责任的文化主权设计与制度安排。无论是作为文化产品的内容提供商，还是作为文化产品的内容服务商，承担起这样的公共责任应当是文化产业人的自觉行为和行业规范。尤其是在文化产业遭遇到发展困境的时候，决不能以牺牲文化产业的公共责任和让渡文化主权来换取文化产业的一时发展。

在文化产业公共责任的构成中有两种基本形态，一种是普世性的；另一种是非普世性的，即公共责任的差异性。所谓“普世性的”，即适合于和适应于不同文化背景、不同国家意识形态的公共责任，例如，对未成年人的精神心理健康的维护就属于这一类，最集中反映这一普世性公共责任的就是世界大多数国家所实行的电影分级制度。电影分级制度的产生和设置会有许多种原因，但是毫无疑问的是，首先是对未成年人的精神心理健康安全权利的维护。对于任何一个国家和民族来说，维护未成年人的精神心理健康安全就是维护这个国家和民族的未来和文明进步的希望。所谓“非普世性的”，即公共责任的差异性，是指不同文化传统和国家意识形态背景下的公共责任，是指在一个主权国家范围之内、一个国家和民族所选择的社会制度和意识形态在文化产业作为文化意见的表达工具和价值实现的主要手段中，应当得到维护，因为它涉及一个国家的核心利益。虽然在这个问题上不同的国家和国家集体处于不同的国家利益和意识形态会有分歧，甚至是很大的分歧，但是，就这个国家文化产业来说，对这个国家核心利益的维护就是一个不容置疑的公共责任，例如，我国的台湾和西藏问题涉及国家主权这一国家核心利益不容挑战。这是中国文化产业与生俱来的公共责任。正如美国的文化产业系统不能挑战美国对阿拉斯加主权一样。这就构成了文化产业公共责任普世性与差异性的冲突，构成了文化产业公共责任的实现方式的不同内容与不同空间。如何处理这种矛盾和冲突，美国的经验值得重视。例如关于淫秽色情物品的处理和管制。在美国比较典型的办法就是，首先由社区做出鉴定，确认那些令人讨厌的材料为淫秽色情物品，公开宣布那些色情材料及其行销机构是危害公共利益的东西。然后法院就可以禁止行销这种材料。如果这些行销继续进行，有关推销人员就会立刻接受简易诉讼程序的裁判。在这样的法律程序中，社区一方往往会占上风，被告极少受到法律保护。进一步说，社区只要证据充分，而不只是一种怀疑就能证实色情材料的存在。各法院都同意这种控制方案，理由是维护安定、秩序以及社区声誉方面州的利益要比个人的所谓权利更重要。在这里，“公共利益”具有特别重要的意义。而所谓文化产业的公共责任便诞生于这种“公共利益”之中。尽管这种“公共利益”也还只是“州的利益”，甚至这种局部的“州的利益”很可能并不完全与美国的“第一修正案”相一致，但是，并不妨碍法院根据“州的”“公共利益”“统一这种控制方案”。这就是文化产业公共责任构成中“差异性”公共责任。由此可见，文化产业发展既不能为了公共责任的“普世性”而忽视文化产业公共责任构成中的“差异性”，同时也不能强调文化产业公共责任的“差异性”而拒绝它的“普世性”要求。而是应当在时间的基础上，不断地在文化产业公共责任的“差异性”中提炼和融入“普世性”原则和精神，在公共责任的“普世性”当中贯彻“差异性”原则。

8.4 文化产业公共责任的三维空间

文化产业具有建构与解构社会的功能。印刷术在欧洲的使用直接导致了资本主义精神和新教伦理在欧洲的传播，最终导致了资产阶级在欧洲的崛起。印刷术以及印刷术的普遍使用所导致的欧洲图书出版业的革命，不仅解构了政教合一的中世纪社会文化秩序，而且建构了欧洲的以资产阶级为主导的资本主义社会新秩序。没有印刷术在欧洲的使用以及图书出版业在欧洲革命的成功，就没有欧洲的宗教革命和近代欧洲的资产阶级革命，也就没有今天欧洲的文化秩序和社会秩序。然而，文化产业这种解构与建构功能首先是对一种文化权利秩序的解构，以及对于建立一种实现文化公平与正义新秩序的诉求。任何一种现代文化产业形态的诞生之初，大众性往往是它的主要特点，是大众对于精英文化秩序及其社会文化权利结构的否定同时也是对自己应当拥有的公平的文化权利的正当诉求。出版业是如此，电影业是如此，即使是今天的以互联网为主要载体的网络游戏产业也是如此。从这个意义上说一部人类的文化产业发展史就是大众文化不断地追求公平与正义的发展史，就是不断地维护自己正当文化权益与权利的公共文化秩序的建构史。只要当这样文化权利与利益所构建起来的文化秩序已经不能再满足自己不断增长的精神文化需求的时候，通过新的文化产业发展来重建文化秩序便成为文化产业发展不绝的历史原动力。因此，能够在多大程度上实现公民的文化权益和权利，并且以这种权利和权益为基础建构公平的社会文化秩序，就自然地成为文化产业公共责任的又一重要内容。如何提供一个进步与发展所需要的和谐的社会文化秩序就成为文化产业发展应有的公共责任。

公民、社会和国家构成了文化产业公共责任的三维空间。文化产业是文化权利和权力实现方式的象征和空间形态，因此，如何在这三维空间中体现文化权利的公正性与公平性，就成为文化产业公共责任构成中的一项重要内容和关于文化产业公共责任的重大命题，即文化产业的公平与正义。

权利和权力关系是最重要的公平与正义的实现方式与秩序建构关系。人本身就是“文化”的产物，而且，文化因人而获得生命。因此，从这个意义上说，文化之于人，就像空气和水之于人的一样，是人人应当自由享受的权利。文化权利的缺失必然导致文化的公平与正义问题。文化不公平必然意味着有些人的文化权利被剥夺。在今天当文化产业已经成为文化生命形态的重要存在方式，当不发展文化产业人便不能有效促进自己生命形态的演化与发展的时候，发展文化产业便成为人的全面发展的重要权利与实现形式，成为建构公共文化秩序的和实现社会公平与正义的生命形式。要体现与反应公平与正义，是实现和体现文化公平与文化正义的载体和制度。公民不仅享有政府提供公共文化的权利和基本文化消费的权利，而且也有文化生产和参与文化分配的权利。在现代社会，公民在某种程度上来说是一切文化生产和文化创作的主体。因此，能否和在多大程度上拥有这种文化生产和文化表达的权利，集中体现了一个社会文化公平与正义实现的程度。

文化产业是人们表达和传播自己各种言论体系的工具和载体系统。这是规定了文化产业具有公共属性的重要特征。人们能够在多大的程度上自由地使用这一工具系统直接关系到人们表达自由的程度。文化产业是以精神生产为主要内容的产业，是满足人们精神文化多样化消费需求的最主要形式和渠道。高度创造性的精神生产是影响和规定文化产业能够在多大程度上满足人们精神文化消费需求多样性的关键指标，而如何能够实现这样一种高度创造性精神生活活动的实现，取决于人们能够在多大程度上享受的宪法精神下的表达自由和沟通自由。一切文化产业都是表达自由的工具和载体。文化产业的发达程度与表达自由的实现程度存在着正相关关系。核心是公民的文化权利关系。表达自由是公民的权利，文化产业是这种权利实现和表达的工具和途径。因此，任何关于文化产业的准入限制和规定，都是对表达自由限制的权力延伸。对于表达自由的控制在多大的程度上是合法的，是表达自由本身内容的重要组成部分，涉及关于表达自由的基本法学原理。没有表达的自由和沟通的自由，不可能有成熟与发达的现代文化产业。然而不受管制的表达自由是不存在的。区别只是管制对于人们的自由表达的限制性程度。无原则的要求对文化产业的市场准入和表达自由放松管制，不仅在国际上没有先例，而且也是不负责任的。从这个意义上说，无论是文化产业的准入制度和审查制度的建构，还是放松管制，它都应该是社会公平与正义的文化产业反映，进而与文化产业的公平与正义产生密切的关系。当这样一种反映和关系体现和表现为一个国家的文化主权的时候，围绕着文化产业的市场准入与管制的价值标准和制度设计，也就自然地关系到文化产业的国际公平与正义和国家文化秩序建构的公共责任。这也就是为什么围绕着文化产业市场准入会成为国际地缘政治博弈的重要内容的重要原因。

因此，问题并不在要不要文化管制，而在于怎样的文化管制才是科学的和发展文化产业所必不可少的。虽然不同的国家以及在不同的人群中有着完全不同的理解，以及由这种理解所建立起来的标准，但是，从世界绝大多数国家的文化管制制度设计来看，在巨大的差别背后有着一条共同的原则，那就是：公共文化秩序，无论是新闻检查制度，还是电影分级制度，抑或新近颁布的关于网络游戏的分级管理，维护和确保未成年人的精神心理健康和安全，捍卫这个国家最基本的价值观和生活方式，进而维护和确保一定的价值观基础上的社会稳定便最基本和最主要的核心内容。这里有两个最基本的维度：未成年人涉及一个国家和民族的未来兴衰存亡，生活方式和价值观涉及一个国家和民族的文化认同。这是维护最基本的公共文化秩序的根本基础，也是世界上绝大多数国家文化检查制度和文化产业管制的共同准则，具有人类社会繁衍发展最基本的公共准则。只要不违反和不触及这两条生命底线，表达自由以及文化产业的市场准入拥有广泛的空间和制度保障。这就构建起了一个社会基本的文化秩序：公民、社会和国家在文化产业的制度安排中分享不同文化权利的时候，也承担了各自不同的公共文化责任。尽管公民也有维护国家文化安全的责任，但是毫无疑问，维护国家文化安全则是政府应当承担的主要责任和提供的主要公共文化产品。因此，在这里，在公平中所体现的权利和责任是有区别的，正是这种区别构成了在文化产业发展过程中的公民、社会和国家间的分工体系，并且由这种体系来建构一个国家和社会的文化秩序和文化产业公平与正义的制度表达。维护国家文化安全和公共文化秩序是国家发展文化产业承担的责任，当这一部分责任还不能通过完全的放开市场而由公民以及公民经济组织承担的时候，政府就必须承担维护国家文化安全和公民文化安全的全部责任。同样，当公民及社会组织不断要求国家在文化产业领域里放松管制的时候，国家也有理由提出所有的公民和社会组织对国家、公民和社会文化发展“负责任”——公共责任的要求。

在当代中国，文化产业发展一度只是政府的事。单一的文化产业投资主体不仅造成了我国文化产业的发展困境，而且也使得公民合法的文化权利没有得到应有的实现方式、表达自由的空间形态及其制度保障。文化公平无法实现，文化正义无法得到伸张，造成了一定时期内公民、社会与国家文化关系与文化秩序的紧张状态。国有文化产业所建立起来的刚性的国家与社会文化秩序使得公民文化权利的自由实现和表达丧失了它应有的弹性机制。扭曲的文化产业制度形态和秩序结构不符合中国的国家文化利益，也不符合中国国家法律关于公平与正义的宪法精神。中共中央关于非公有资本进入文化产业的决定，以及国家新闻出版总署2009年对“出版工作室”合法性的认可，不只是一般意义上的文化产业准入制度变革，它所贯彻和体现的就是这样的一种文化领域里的公平与正义。一个社会与国家的文化秩序是由公民的基本文化权益的实现程度建构的。当文化产业成为公民基本文化权益的主要实现方式和载体的时候，有效地建构社会和国家文化秩序就成为文化产业不可或缺的公共责任。这就是文化产业的公平与正义。

第9章 文化产业发展的内在动力

9.1 党和政府的高度重视是文化产业发展的根本动力

纵观中国共产党八十余年的历史，三代领导人都十分重视从文化层面来探讨和解决中国革命和建设的道路问题。毛泽东在《新民主主义论》中指出：“我们共产党人，多年以来，不但为中国的政治革命和经济革命而奋斗，这一切的目的，在于建设一个中华民族的新社会和新国家。在这个新社会和新国家中，不但有新政治和新经济，而且有新文化。”❶ 从此，建构指导中华民族文化建设的理论一直是摆在中国共产党人面前的艰巨历史任务之一。在探索中国文化建设的实践中，我们党关于中国特色社会主义文化建设提出了一系列新思想、新观点，逐步形成了作为中国社会主义现代化建设的重要组成部分之一的特色社会主义的文化建设理论。

9.1.1 党的第一代领导人关于社会主义文化建设的理论

毛泽东不仅构建了新民主主义文化理论，而且提出了关于社会主义文化建设的一系列方针政策。毛泽东关于新民主主义的文化理论，早在《湖南农民运动考察报告》中，他就把“文化运动”作为农民协会所做的十四件大事之一。抗战时期，在他对中日两国情况的分析，对敌友我三方情况的研究，对历史和现实的研究中，文化都是其中的一个重要因素。毛泽东同志早在新中国建立之前，在《新民主主义论》中就论述了经济、政治、文化三者之间的关系，提出“要建立中华民族的新文化”，指明这种新文化是“民族的科学的大众的文化”。在毛泽东看来，由于中国无产阶级和中国共产党这个崭新的文化生力军向着帝国主义文化和封建文化展开英勇的进攻，致使中华民族新文化的方向只能是新民主主义的文化。人民大众的反帝反封建的文化，就

❶ 《毛泽东选集》第2卷，人民出版社1991年版，第52页。

是民族的科学的大众的文化，就是新民主主义的文化，就是中华民族的新文化。新中国成立之初，他就高瞻远瞩地指出："随着经济建设的高潮的到来，不可避免地将要出现一个文化建设的高潮。"[1] 随着新民主主义革命的胜利和中华人民共和国的建立，在毛泽东"民族的科学的大众的文化"理论指导下，中国出现了历史上从未有过的文化复兴和繁荣的景象，极大地解放了文化所蕴含的精神生产力。中国人民开始了中华民族文化复兴的伟大事业。随着新中国的建立，三大改造任务的基本完成，中国进入社会主义社会建设时期。毛泽东根据我国经济发展和文化建设的迫切需要，按照文化自身发展的规律，及时提出了"百花齐放，百家争鸣"的文化发展方针，以推进社会主义文化事业的繁荣和发展。"双百"方针的提出，是毛泽东力图摆脱苏联模式的束缚，寻找一条适合中国国情发展社会主义文化和科学事业道路的积极探索。1957 年，针对党内一些人对"双百"方针的疑虑，他强调指出："双百"方针是合乎辩证法的。"双百"方针是解决"古今中外"文化之争的正确方针，坚持"双百"方针可以为社会主义文化建设营造一种健康、民主的氛围，促进社会主义文化建设健康发展。

9.1.2 改革开放形成的社会主义精神文明建设的理论

20 世纪 50 年代中期以后，党在指导思想上犯了严重的"左倾"错误，特别是十年"文革"期间，形成了以阶级斗争为纲的文化建设范式，使文化建设遭受了空前的挫折。1978 年党的十一届三中全会是我国社会主义发展过程中的历史性转折点。它确立以邓小平为核心的第二代中央领导集体，重新恢复和确立了党的解放思想、实事求是的思想路线，果断地将党的工作重心转移到经济建设上来，实行改革开放，开创了社会主义建设的新局面。相应地，文化建设也要服从和服务于这个大局。邓小平提出了物质文明和精神文明一起抓的战略构想，从精神文明的视角在理论和实践上指导了社会主义文化建设，是社会主义文化建设理论的新发展。邓小平的精神文明建设理论是党的第二代领导集体在改革开放和现代化建设过程中对精神文明建设实践经验的科学总结，富于理论创新和时代特征。这一完整的理论体系包括精神文明建设的指导思想、根本目标和基本内容等方面。关于精神文明建设的指导思想，邓小平同志强调指出："如果我们不是马克思主义者，没有对马克思主

[1] 《毛泽东选集》第 2 卷，人民出版社 1991 年版，第 63 页。

义的充分信仰……中国革命就搞不成功”。[1] 社会主义精神文明建设必须坚持以马列主义、毛泽东思想作为指导思想，坚持党的解放思想、实事求是的思想路线和“一个中心，两个基本点”的基本路线。在贯彻“双百”方针的同时，坚持“为人民服务、为社会主义服务”的“两为”方向，执行不抓辫子、不戴帽子、不打棍子的“三不”原则。在对待传统文化和外来文化的问题上应采取“古为今用、洋为中用、推陈出新、继往开来”方法原则，大胆吸收和借鉴人类社会创造的一切文明成果以及当今世界各国包括资本主义发达国家的一切反映现代社会化生产规律的先进经营方式、管理方式。既反对“盲目排外”，又反对“盲目崇拜”，对于资本主义腐朽、颓废的东西要进行坚决的抵制和批判。邓小平关于精神文明建设的指导思想贯穿了历史唯物主义的批判精神和辩证思维的方法。精神文明建设的根本目标就是培养社会主义“四有”新人。邓小平明确指出：要搞社会主义精神文明，主要是使我们的各族人民都成为有理想、讲道德、有文化、守纪律的人民。社会主义精神文明建设的基本内容，其一是思想道德建设。思想道德建设分为思想建设和道德建设两个方面。从思想建设方面来看，根本的是要学习马列主义、毛泽东思想，要努力把马克思主义普遍原则同我国实现四个现代化的具体实践结合起来，要进行理想教育和爱国主义教育，大力提倡艰苦创业精神。从道德建设方面来看，要确立无产阶级世界观，全心全意为人民服务，正确处理国家、集体和个人之间的关系，自觉抵制各种社会丑恶现象，形成良好的党风和社会风气。其二是教育科学文化建设。从教育科学事业来看，邓小平强调指出，“搞好教育和科学工作，我看这是关键”，[2]“抓科技必须同时抓教育”。[3] 他提出的“科学技术是第一生产力”“知识分子已经成为工人阶级自己的一部分”，教育要“面向现代化、面向世界、面向未来”等著名论断，对教育和科技事业的发展发挥了巨大的推动作用。从文化事业来看，邓小平强调指出，文化事业要坚持“双百”方针和“二为”方向，努力繁荣社会主义文化，不断满足人民群众精神文化生活的多方面需要。其三是民主法制教育。邓小平强调：要加强民主，就要加强法制。没有广泛的民主是不行的，没有健全的法制也是不行的。就民主来讲，没有民主就没有社会主义，没有

---

[1] 《邓小平文选》第3卷，人民出版社1993年版，第63页。

[2] 《邓小平文选》第3卷，人民出版社1993年版，第84页。

[3] 周立平、钟漱：《邓小平教育思想概论》，人民出版社1992年版，第121页。

四个现代化。要把社会主义民主与资产阶级民主、个人主义民主严格区别开来，把对人民的民主和对敌人的专政结合起来，把民主与集中、民主与法制、民主与纪律、民主与党的领导结合起来，加强民主政治建设，使民主政治制度法制化。就法制来讲，要保持安定团结的政治局面，必须加强法制建设，使人人懂法守法，坚决执行有法必依，执法必严，违法必究，在法律面前人人平等，反对一切极端民主化、无政府主义、无纪律秩序的现象。邓小平关于社会主义精神文明建设的理论，以其博大精深又深入浅出的思想蕴含，对社会主义文化建设起到了十分重要的指导作用。

9.1.3 以“三个代表”统领社会主义文化建设的重要思想

在新的历史时期下，第三代领导人也十分注重精神文明和文化建设工作，并在改革开放的伟大实践中不断探索，明确提出了中国特色的社会主义文化建设的理论，从而把中国社会主义文化建设理论发展到一个新阶段。在强调社会主义精神文明建设重要性的同时，江泽民对建设有中国特色社会主义文化作了系统阐述。在 1991 年庆祝中国共产党成立 70 周年大会上的讲话中，他提出了建设有中国特色的社会主义文化这一科学论断，并在 1997 年 9 月党的十五大报告中对此作了进一步的系统阐述。十五大报告提出：“建设有中国特色社会主义文化，就是以马克思主义为指导，以培育有理想、有道德、有文化、有纪律的公民为目标，发展面向现代化、面向世界、面向未来的，民族的科学的大众的社会主义文化。这就要坚持用邓小平理论武装全党，教育人民；努力提高全民族的思想道德素质和教育科学文化水平；坚持为人民服务、为社会主义服务的方向和百花齐放、百家争鸣的方针，重在建设，繁荣学术和文艺。建设立足中国现实、继承历史文化优秀传统、吸收外国文化有益成果的社会主义精神文明。”[1] 也就是说，中国特色社会主义文化是确立以马克思主义为指导思想，以培育“四有”新人为目标，以“三个面向”为价值取向，以“民族性、科学性、大众性”为基本特征，以形成高度发达的社会主义精神文明。显然，建设有中国特色的社会主义文化是在总结改革开放和现代化建设经验的基础上对精神文明建设理论的深化和发展。这是中国特色社会主义文化建设的一个简明的纲领，标志着中国特色社会主义文化建设理论的基本形成。用“三个代表”要求统领社会主义文化建设。十五大以

[1] 《中国共产党第十五次全国代表大会文件汇编》，人民出版社 1997 年版，第 19 – 20 页。

后，按照中国特色社会主义文化建设纲领开展了一系列更进一步的文化建设工作，把精神文明建设和文化建设工作提高到更加重要的位置。2000年2月，江泽民同志在广东视察工作时第一次提出了“三个代表”的重要思想：“总结我们党七十多年的历史，可以得出一个重要的结论，这就是：我们党所以赢得广大人民的拥护，是因为我们党在革命、建设、改革的各个历史时期，总是代表着中国先进生产力的发展要求，代表着中国先进文化的前进方向，代表着中国最广大人民的根本利益，并通过制定正确的路线方针政策，为实现国家和人民的根本利益而不懈奋斗。”[1] 江泽民把代表中国先进文化的前进方向，同代表中国先进生产力的发展要求和代表最广大人民的根本利益并列在一起，这不仅对于加强党的建设意义重大，而且对于加强社会主义精神文明和建设有中国特色社会主义文化来说，是一个理论上的升华。在《中国共产党成立八十周年大会上的讲话》中，系统阐述了“三个代表”的重要思想，指出：“在当代中国，发展先进文化，就是发展有中国特色社会主义文化，就是建设社会主义精神文明。牢牢把握中国先进文化的发展趋势和要求，坚持以马克思列宁主义、毛泽东思想、邓小平理论为指导，立足于建设有中国特色社会主义的实践，着眼于世界科学文化发展的前沿，不断发展健康向上、丰富多彩的，具有中国风格、中国特色的社会主义文化，满足人民群众日益增长的精神文化需求，引导广大人民群众从思想上、精神上正确武装和不断提高。这也是我们党始终站在时代前列，保持先进性的根本体制和根本要求。”江泽民同志在省部级干部进修班毕业典礼上的重要讲话中指出要用“三个代表要求统领社会主义文化建设。我们必须在发展社会主义经济、政治的同时，加强社会主义精神文明建设，大力发展面向现代化、面向世界、面向未来的，民族的科学的大众的社会主义文化，不断丰富人们的精神世界，不断增强人们的精神力量。要坚持先进文化的前进方向，全面建设和繁荣我国文化事业。要坚持和巩固马克思列宁主义、毛泽东思想、邓小平理论在意识形态领域的指导地位，用‘三个代表’要求统领社会主义文化建设。要立足于改革开放和现代化建设实践，着眼于世界科学文化发展前沿，积极进行文化创新，不断增强有中国特色社会主义文化的吸引力的感召力。要把培育和弘扬民族精神作为文化建设的一个极为重要的任务，使广大人民在建设有

[1] 江泽民：《论“三个代表’》，中央文献出版社2001年版，第2页。

中国特色社会主义的征途上，始终保持奋发有为，昂扬向上的精神状态。”❶这是江泽民同志继七一讲话以来，关于中国特色社会主义文化建设的理论的又一次深化和升华。2002 年 10 月 8 日，江泽民同志在中国共产党第十六次全国代表大会上的报告中，明确指出我国已进入全面建设小康社会、加快推进社会主义现代化的发展阶段，确立了全面建设小康社会的宏伟目标，其中精神文明和文化建设是当中一个重要部分。报告指出：“全面建设小康社会，必须大力发展社会主义文化，建设社会主义精神文明。”❷ 在中国特色社会主义文化建设过程中，强调首先要牢牢把握先进文化的前进方向，即“在当代中国，发展先进文化，就是发展面向现代化、面向世界、面向未来的，民族的科学的大众的社会主义文化，以不断丰富人们的精神世界，增强改革开放给中国百姓带来的消费结构的巨大变化。

9.2 人民群众日益增长的文化消费需求是其发展的第一动力

改革开放给中国百姓带来了消费结构的巨大变化。中国的改革开放极大地解放了社会生产力，充分调动了广大人民生产社会财富的积极性、主动性、创造性，使我国经济取得了跨越式的发展。1995 年提前实现国民生产总值比 1980 年翻两番的目标，1997 年又提前 3 年实现人均国民生产总值比 1980 年翻两番的目标。2012 年我国 GDP 已达 519322 亿元，位居世界第二位，财政收入连年高速增长，去年达到了 11.7 万亿。经济的跨越式发展使大众物质生活水平迅速提高。在这过程中，居民消费结构中用于文化教育消费的部分越来越大，增长速度越来越快。据专家研究，自 1981 年到 1997 年，我国城镇消费结构演变大体经历了三个阶段，第一阶段是吃穿类消费占到总消费的 3/4 的、以生存资料数量扩张为主的“粗放型消费”阶段；第二阶段是吃穿类支出开始下降的、以生活消费需求稳定、家庭新兴耐用消费品普及率迅速提高的“集约型消费”阶段；第三阶段是生活必需品支出继续稳步下降，而服务性消费支出比重全面上升的、以更加注重消费质量的“舒展型消费”阶段。在第三个阶段中，娱乐文教支出首次超过用品类支出，我国居民消费次序将从“吃、穿、用”改变为“吃、穿、娱乐、文教”。也就是说，相当一

❶ 《十五大以来重要文献选编》，人民出版社 2003 年版，第 1906－1907 页。

❷ 《十五大以来重要文献选编》（下），人民出版社 2003 年版，第 2416－2417 页。

部分居民群体的消费中心开始向教育、科技、旅游及精神产品消费等领域移动，百姓经济上的富足带来了我国消费结构的巨大变化。百姓的文化消费将拉动文化产业的发展。随着人们生活水平和社会富裕程度的提高，根据恩格尔定律，反映消费结构的恩格尔系数将逐渐下降。我国居民的消费水平正体现了这一规律，有调查表明，我国城镇居民家庭恩格尔系数由1995年的49.9%下降到2000年的49.1%。[1]“2000年全国居民人均非基本生活必需品支出1425.33元，占消费支出比重的29.8%，比10年前提高17个百分点。其中文化娱乐支出增长23倍，教育费用支出增长20倍，旅游消费支出增长10倍，通信消费支出增长277倍。人们用于吃穿类的消费支出在总消费支出中的比重逐年下降，用于满足精神文化需求类的消费支出逐年上升。随着小康社会的全面到来，国民的收入水平不断提高，中国消费者在食品、衣着和家用电器方面的开支将急剧减少，而通讯、娱乐、旅游和文化教育方面的消费将与日俱增。”[2] 文化消费已成为百姓消费的热点，对文化产品和文化服务的购买需求越来越旺盛。有关部门预测，目前我国文化消费量有3000亿～4000亿元人民币的结构性缺口。预计到2020年，我国的GDP超过35亿，人均GDP达3000美元，国民用于文化教育方面的消费进一步加大，恩格尔系数会进一步降低。与西方发达国家相比，虽然我国居民的人均文化消费支出在总消费支出中的比重比较低，文化消费要确立在国民经济中的主导地位还有很长的路要走，但是我国的文化消费品市场的需求总量还是非常巨大的，这毫无疑问将拉动文化特别是文化产业的进一步发展。

9.3 科技进步是文化产业发展的直接动力

科学技术不仅仅是广义的第一生产力，也是文化产业的强大推动力。积极促进文化产业与科技成果产业化的互动，完全符合党提出的关于“加速科技教育同经济的结合，完善科技服务体系，加速科技成果向现实生产力转化”的重要思想。

9.3.1 科技进步带来产业革命

第一次产业革命发生在18世纪后期到19世纪中叶，是由从英国开始然

---

[1] 2001年《中国统计年鉴》，第230页。

[2] 江蓝生《2001～2002年：中国文化产业发展报告》，社会科学文献出版社2002年饭，第66页。

后向西欧扩散的一次工业革命。以蒸汽机技术为标志的第一次产业革命，是人类进入了机械化时代，建立了以机器大生产为特征的工厂制度，使人类生产力有了大幅度的增加。在1770年到1840年，英国公认的劳动生产率平均增长了20倍，整个生产方式发生了很大变化。❶ 1847年，马克思和恩格斯在《共产党宣言》中曾这样描述欧美产业革命盛况："蒸汽和机器引起了工业生产的革命"。❷"资产阶级在它的不到一百年的阶级统治中所创造的生产力，比过去一切时代所创造的全部生产力还要多、还要大。"❸ 到1860年前后，英国工业发展达到鼎盛期，国内外贸易迅速扩大，成为举世闻名的"世界工厂"和最大的殖民帝国。从19世纪下半叶至20世纪初，在美国爆发了以电力发明和应用为标志的第二次产业革命。这次产业革命以电气技术为先导，引起了电气产业革命，人类社会进入了一个电气化时代。由于电的使用，钢铁生产大发展，铁路运输兴起，使重工业跃居主导产业地位并得到集中发展。电报和电话的应用加速了信息的传递，化学在工业中的应用带来了产业结构的新变化，整个人类社会生产方式、劳动生产率都出现了一个飞跃的发展。1880年美国工业赶上英国占世界首位，从此开创了领航世界100多年的"美国之光"。在20世纪下半叶，首先在美国西部地区发生了以电子计算机技术、原子能技术和空间技术为主要标志的第三次产业革命，使人类跨入电子时代。这是一次真正全球性变革的大浪潮。新的物质技术基础是石油能源、人工合成材料、微电子技术、高科技，新能源、新原材料与人工智能相结合，使科学直接转化为生产力，不仅大大提高了劳动生产率，而且还引起了产业结构发生新的重大变化。新兴工业部门不断出现，高分子材料工业、原子能工业、电子计算机工业、半导体工业、宇航工业和激光工业等一大批新兴产业崛起；同时以高新技术产业为载体，运用先进技术改造传统产业，带动了传统工业、金融、房地产、建筑等产业的发展。从此，人类社会进入互联网把区域文化资源汇聚成人类共享共有的资源信息—电子技术为标志的信息化时代。

9.3.2 知识经济和文化产业的兴起，促进了文化大发展大繁荣

随着现代科学技术突飞猛进的发展，特别是信息革命不断向更高层次的延续和擅变，不仅导致人类生产方式、生活方式和认识方式的一系列变革，

---

❶ 谢明家：《文化产业的时代审视》，人民出版社2002年版，第218页。

❷ 《马克思恩格斯选集》第1卷，人民出版社1995年版，第273页。

❸ 《马克思恩格斯选集》第1卷，人民出版社1995年版，第277页。

还推动全球政治、经济、文化向一个全新的方向发展。这样就把人类社会带入一个建立在以高新科学和信息的生产、分配与使用之上的新的经济发展时代，即知识经济（有的学者称之为文化经济）的时代。发端于美国，随后便风靡全球的知识经济，是指对知识（智力）资源的占有、配置、生产和使用（消费）为最重要因素的经济。20 世纪是知识不断更新、科技突飞猛进、世界深刻变化的世纪。如果对世界经济近 20 年来的发展变化轨迹作一番审视，我们就能够清晰地发现，文化产业在全球兴起、发展、壮大几乎是与知识经济的发端、发展、壮大相伴相生的。知识经济时代是人类在经历了农业经济时代、工业经济时代之后进入的第三个经济时代。从古典经济学诞生起，财富的源泉就一直被视为有形的生产要素。重农主义者认为财富的源泉是土地，重商主义者把货币视作财富源泉。亚当·斯密之后，西方经济学家则把劳动和资本看作是社会财富增长和产业发展的基础。进入知识经济时代后，文化作为一种无形的符号则成为社会生产最重要、最基本的要素。一切的生产活动、经济行为均围绕着“文化”这一核心要素而进行，其最突出的特点是文化成为重要的生产要素，知识的经济功能得到最充分的体现，在产品的价值构成中，文化所创造的价值所占比重越来越大。知识经济以智力资源为重要依托，以人力资本投入为主，以文化为生产要素，进而促进人与社会产品的生产和扩大再生产，使物质产品的价值在知识的作用下得以几何级数地增长，深刻地改变了传统的经济增长方式。因此，文化作为发展的手段尽管很重要，但它最终不能降低到只作为经济发展的促进者这样一个次要地位。1998 年，联合国教科文组织又在斯德哥尔摩召开了“文化政策促进发展”的政府间会议。这次会议提出了一份《文化政策促进发展行动计划》，指出，“发展可以最终以文化概念来定义，文化的繁荣是发展的最高目标。”“文化的创造性是人类进步的源泉。文化多样性是人类最宝贵的财富，对发展是至关重要的”。在这个背景下，文化产业开始在全球范围内全面兴起，尤其是在发达国家得到蓬勃发展。随着当代世界经济的发展，经济全球化带来了文化全球化，并且经济、文化向一体化方向发展，这就是说，经济中的文化的、知识的、信息的乃至心理的因素将越来越具有重要的、主导的，甚至有时起着决定性的作用，而文化作为日益强大的产业已成为整个国民经济的重要的，甚至支柱性的产业。无疑，未来世界的竞争也将是文化的竞争，文化产业将成为知识经济时代最核心的话题之一。

9.3.3 文化产业的发展、创新越来越依赖于高科技的支持

经济发展的意义往往会在文化上表现出来。现代科学技术特别是高科技的迅猛发展，既体现了经济成就，又有深刻的文化意蕴，它是物质功能与文化功能的统一。高科技产业是传递文化的主要物质载体。从历史上看，正是由于印刷复制、电子排版、录音录像等现代工业技术在文化领域的广泛应用，使文化艺术品可以复制和批量生产，从而为文化的产业化创造了条件。文化不断经历创新、扩容，由之文化的领土前所未有地猛烈扩张，规模效应的出现使成本急剧下降，文化开始由精英文化向大众文化过渡。近年来，现代信息技术、传播技术、数字技术、激光技术广泛应用，极大地促进了文化艺术的发展和创新，对传统的经济与文化产生了巨大的冲击，推动传统媒体不断改造创新、不断向前发展。新的传播媒介如电视、卫星电视及网络文化的发展，使得像报纸、广播等这些昔日文化界的“龙头老大”风光不再，转而成为电视业、音像业的补充。当今社会，科学技术正以日新月异的速度发展，同时推动着文化产业的发展，文化产品无论是在内容还是在形式上都出现了前所未有的创新，导致了各种新的文化形式的崛起和传统文化形式现代更新，从而形成了大量崭新的文化产业。以美国为例，20 世纪 90 年代，图书出版公司、音像出版公司就开始把网络技术应用于图书销售，极大地方便了读者的选购，从而推动了图书、音像出版业的发展。美国的《星球大战》和《侏罗纪公园》等科幻片利用高新科技制作和传播，实现了高新技术和表演艺术的完美结合，赢得了世界声誉和巨大的经济价值。美国迪尼斯公司把高新技术应用于文化娱乐业，其风靡全球的动画片也赚取了巨额利润。目前，我国 320 家省级以上的报纸中，有 1/3 以上的报纸已拥有每天全面更新新闻的网页或网站。可以说，如果没有高科技作为支撑，文化产业就不能称其为产业。高新科技产业的发展又需要以文化产业作为其承载的内容。如果没有了文化，高新技术便失去了传递的内容，没有可承载的内容，高新技术产业也就没有了发展的必要。近年来，我国文化产业发展之所以取得长足进步，其关键在于借助现代科技整合我国丰富的文化资源，把高科技与传统文化结合起来，通过推广和运用数字技术、网络技术，提高文化产品的生产率，降低制作成本，用现代科技手段向世界充分展现出中华文化绚丽多姿的魅力，增强中国文化产品的国际竞争力和软实力。总之，科技革命使文化艺术的科技含量大幅度增加，使文化的生产与服务真正进入规模化、标准化、高质量化阶段，

显示出产业的基本特征。所以我们说，高科技产业和文化产业两驾马车齐头并进，不仅加速第二产业的迅速发展和为其他产业提供更好的技术支撑，提高文化产品的技术档次，加强其竞争力，推动文化产业的进一步发展，而且也创造了巨大的经济价值。

9.4 深化文化体制改革是文化产业发展创新的内生动力

文化体制改革是解放和发展文化生产力的必由之路。党的十六大以来，文化体制改革坚持观念创新与实践创新相促进、典型引路与面上推开相衔接、重点突破与全面深化相结合，取得了历史性的突破，基本完成了国有经营性文化单位转企改制、文化市场综合执法改革、有线电视网络整合三项中央确定的文化体制改革任务，文化生产力不断解放，文化创造活力充分焕发，文化事业文化产业协调发展、全面繁荣。党的十八大报告科学把握当今文化发展趋势和我国文化发展方位，做出了深化文化体制改革的重大决策，提出了新的目标要求，这对于推动文化强国建设，实现中华民族伟大复兴意义重大。

9.4.1 深化文化体制改革，优化文化资源配置

党的十八大站在全面建成小康社会战略高度，对全面深化改革开放提出了新的目标要求。全面深化改革开放将使文化赖以存在的体制环境发生更加深刻的变化，进一步推动文化与市场的接轨已经成为文化发展的必然选择。这既有利于进一步提高文化资源配置的质量、效益和速度，拓展精神文化产品创作、生产、传播和消费空间，又会使文化体制改革面临一系列亟待解决的重大课题。近些年来，我国文化建设最鲜明的标志是改革创新，文化领域取得一切进步的最根本原因也是改革创新；今后文化建设要实现新的更大发展，归根到底还要靠改革创新。如何与经济体制、社会体制、行政管理体制和事业单位改革等各个方面改革相衔接，着力深化体制改革，破除制约文化建设深层次的矛盾和问题，打牢文化繁荣发展的体制机制基础，进一步优化文化资源配置效率，促进文化大发展、大繁荣。

9.4.2 加快文化体制改革，为现代传播技术进步提供体制动力

数字技术、网络技术的研发和广泛应用，深刻改变了人们获取知识、传播信息、鉴赏文化的渠道和方式，既极大增强了文化的创造力和传播力，为催生新兴文化业态和新的表现形式提供广阔空间，也对占领新兴文化阵地、运用现代传播技术加快文化改革发展、维护国家信息安全和文化安全提出了

新的要求。能不能抓住信息化深入发展的历史机遇，加快文化与科技融合，使主流文化占据媒体阵地和文化传播制高点，关系到社会主义先进文化能不能广泛传播、深入人心，关系到我国文化产品能不能更有力地影响世界、造福人类。这就要求我们必须加快文化体制改革步伐，建立与现代传播技术迅猛发展相适应的体制机制，促进文化与科技融合，文化与市场融合，加快构建以企业为主体、市场为导向、产学研相结合的文化技术创新体系，催生新的文化业态，用先进技术传播先进文化，不断增强我国文化整体实力和核心竞争力。坚决破除一切妨碍文化科学发展的思想观念和体制机制弊端，加快完善文化管理体制和文化生产经营机制，基本建立现代文化市场体系，完善国有资产管理体制，形成有利于创新创造的文化发展环境，为建设社会主义文化强国提供强有力的制度保障。

9.5 文化艺术创新是文化产业发展创新的源泉

一个民族的发展不仅仅是种族的延续，更重要的是一种文化的持续创新，只有持续不断的文化创新，才是一个民族兴旺发达的不竭动力。创新是民族的灵魂，是文化的生命。正是由于人类在科学上一个个新的发现，技术上不断的新发明，理论形态的新突破，文化类别的日益多样化，才有人类社会进步和需求的满足。当代，无论是对民族优秀传统文化的继承和弘扬，还是对外来文化先进合理成分的学习和借鉴，其最终目的都在于创新适应时代要求的新文化。创新是文化事业繁荣和文化产业发展的灵魂，是社会主义市场经济条件下文化建设的内在要求。一个民族的文化如果停止了创造、创新，必然会走向衰落甚至死亡。我们的社会主义文化绝不能因循守旧、故步自封，要随着历史的不断发展而发展。今天，我们党在不同的历史时期始终能制定出文化建设正确的方针、政策、措施，也在于并没有停留在学习借鉴的水平上，而是结合新的实践和时代的要求，结合人民群众精神文化生活的需要，积极弘扬文化创新精神，推动了中国的文化建设的蓬勃发展。

9.5.1 文化创新的客观必然性

中华民族是富有创新精神的民族。我国自古以来就是一个多民族相依共存的国家，在这个大国度里，各民族文化保持自己鲜明的个性，又相互吸纳和融合，最终形成了凝聚力、熔铸力、生命力极强的多元一体的中华文化。中国传统文化中蕴含绵绵不绝的思想活力和创新精神。中华文化的主体文化是汉文化，而汉文化的主体是儒家文化。儒家文化是中国文化的主流。在中国漫长的封建历史中，厚实的儒家文化之所以能够传承下来，成为历朝统治者的统治思想，就是因为它能够适应不同时代的要求，不断吸收各家各派的文化理念。与其说是儒家文化自身的发展，不如说是文化的交融、创新。从春秋末年开始，到战国之末，士阶层异常活跃，出现了诸子并起，百家争鸣的学术繁荣盛况。儒、墨、道、名、法、阴阳六家之学，另一方面互相争论，一方面亦相互补充。秦始皇焚书坑儒，包括儒家在内的诸子百家的书全部烧毁，只留下农业生产和技术方面的书，造成了文化学术的巨大损失。此后经过连年战乱，到汉朝统一以后，农业、手工业得以恢复，城市得以发展，此时就需要提倡一种积极向上的学说来凝聚社会力量。于是，董仲舒在诸子百家中选择了适合温带地区农业社会环境的儒家思想，并被汉武帝采纳。从此"罢黜百家，独尊儒术"，开始了"经学时代"，孔子的儒家学说才开始广泛发扬起来，孔子也被尊为"至圣先师"。在这期间，诸子之学虽受到排斥，只有法家和阴阳家的部分观点被吸收到儒家学说之中，但诸子百家并没有从中国文化中完全消失，而是潜移默化地影响着主流文化。两汉之际，印度的佛教开始输入，经历魏晋、南北朝，到隋唐统一后，佛教对儒家学说形成冲击，使其又一次得到反省自我、汲取异质文化以丰富自己的机会。佛教为儒文化开辟了一个新的境界，弥补了儒文化的不足，解决了现世与后世的问题。从唐代到宋代，儒、释、道三家是相拒相容、互动互补的。我们的祖先崇尚海纳百川，在与各国各派的相互交流、学习中，不断地丰富和发展自己，以自己独特的创新精神和创造成果，为人类文明进步做出了不可磨灭的贡献，形成了中华民族生生不息的强大精神力量。

八十多年来，中国共产党始终代表着先进文化的前进方向，坚持不懈地进行文化创新，成为新文化的创造者和开拓者。从"五四"新文化思潮的形成，到新民主主义文化纲领的制定，从繁荣社会主义文化的"二为"方向和"双百"方针的确立，到中国特色社会主义文化理论的提出，我们党根据社会发展和时代主题不断把文化创新推向新的境界，使人民群众不仅成为社会生产资料的所有者，而且获得精神的自由和独立，摆脱了一切剥削阶级的精神羁绊和思想枷锁，获得了马克思主义为指导的先进文化的武装。尤其在构建与社会主义市场经济体制相适应的文化模式的实践中，以江泽民为核心的第三代领导集体在继承和发展毛泽东、邓小平等文化创新理论的基础上提出了一系列符合时代要求的文化理念。如提出中国特色社会主义文化，是凝聚和激励全国各族人民的重要力量，是综合国力的重要标志；提出以“创新”为灵魂的文化建设的总体构想；提出弘扬主旋律、提倡多样化。并曾经反复强调，“创新是一个民族进步的灵魂，是一个国家兴旺发达的不竭动力。”[1]“有没有创新能力，能不能进行文化创新，是当今世界范围内经济和科技竞争的决定性因素。”[2] 20世纪末以来，文化创新主要表现在文化产业领域。创新是一个民族的灵魂，也是文化产业发展的灵魂。美国缺少悠久的历史和灿烂的文化，但是美国文化产品中虚拟故事和人物却层出不穷，从其他民族的历史和故事中取材的文化产品也同样丰富着美国人的文化生活。中国的花木兰，传统的文化资源通过美国文化产业的创新、市场的运作和商业的包装，获得了新的生命。在经济文化全球化的今天，文化创新在综合国力的竞争中日益显得更加重要。中国共产党始终重视文化创新活动。我们更应发扬这一光荣传统，不断创新，为经济社会发展提供强有力的思想保证和智力支持。文化创新是加快社会主义现代化建设的必然要求。任何社会都是经济、政治和文化的统一体，这三方面相辅相成、相互作用。社会主义社会是全面发展、全面进步的社会，既应该有高度的物质文明、政治文明，也应该有高度发展的精神文明。一个没有先进文化的民族，是不可能自立于世界民族之林的。中华民族在近代的落伍，不仅表现在经济上和政治上，也表现在文化上，闭目塞听，坐井观天，因循守旧，无视世界发展潮流，简言之，就是没有创新。从这个意义上讲，创新是实现中华民族伟大复兴的必由之路。改革开放以来，我们胜利实现了现代化建设“三步走”战略的第一步、第二步目标，人民生活总体上基本达到小康水平，人民对精神文化生活提出新的要求，这使得精神文化产品的生产和人民群众的需要之间的矛盾更加突出。而传统的文化观念、文化体制的滞后性却日益凸现，并成为阻碍经济社会发展的羁绊。社会主义市场经济体制的建立要求推进文化领域的改革与创新，于是，文化事业和文化产业从文化建设中分离，不仅满足人民日益增长的多层次精神文化需要，推动人的全面发展，而且结合新的实践和时代发展要求，大力推动文化创新，文化领域百花齐放、百家争鸣，人们的精神世界不断丰富，人们的精

[1] 《江泽民文选》第2卷，人民出版社2006年版，第132页。

[2] 同上书，第329页。

神力量得到增强，极大地推动中国特色社会主义文化建设的发展繁荣。文化创新是全球化背景下的战略选择。当今世界，文化与经济和政治相互交融，文化在综合国力竞争中的地位和作用越来越突出。文化的力量深深熔铸在民族的生命力、创造力和凝聚力之中。随着全球化进程的加快和高科技尤其是网络信息技术的迅猛发展，世界各国各地区间的距离越来越小，各国家民族间的互动越来越频繁，文化领域也就成了综合国力竞争与展示的舞台。世界各种思想文化，历史的和现实的，外来的和本土的，进步的和落后的，积极的和消极的，展开了相互激荡，有吸引又有排斥，有融合又有斗争，有渗透又有抵御。正如萨义德所言："文化成了一个舞台，上面有各种各样的政治和意识形态彼此交锋。文化绝非什么心平气和、彬彬有礼、息事宁人的所在，毋宁把文化看作战场，里面有各种力量崭露头角，针锋相对。"[1] 这种文化领域的竞争实际上是21世纪人类社会的一场没有硝烟的战争，它主要存在于东西异质文化之间。以美国为首的西方发达国家倾销其精神文化产品，传播其所谓"普遍价值观"，创造透支未来式的消费心理与消费文化对发展中国家传统的意识形态产生了强大的冲击，发展中国家面临着国家文化安全的问题。因此，为了使中国的文化在世界多种文化的发展中争取到自己的生存空间，并在融入世界文化的同时保持自己的民族特色，中国必须大力进行先进文化的创新。同时，现代文化也不再仅仅属于精神文明生活的范畴，而是与经济互动与结合，进入了生产领域，形成了文化产业，并因其文化产品可带来直接的经济效益而成为经济的重要组成部分；文化还与高科技双向互动，使文化的载体、制作与传播形式更加现代化与多样化，使文化的表现力、感召力空前提高。文化已成为国际政治斗争的重要因素，而文化市场又是斗争的焦点。失去文化市场就意味着失去政治优势，意味着国家政治影响力的衰退甚至丧失。但现在世界各国对文化市场的争夺不单是对票房价值与经济效益的争夺，更主要是对受众对象的争夺及在此基础上对舆论的控制与引导。因此，对作为发展中国家之一的中国而言，能否在这场文化之战中赢得胜利，关系着社会主义建设事业兴衰成败的大局，所以，我们必须搞好文化创新，做大做强中国文化产业，使中国文化不仅成为维系国家统一与民族团结的精神纽带，而且要在全世界人民中间具有强大的吸引力与感召力，成为增强中国综

[1] 周蔚华：《全球化背景下的文化冲突》，《中国特色社会主义研究》。

合国力的重要砝码。

9.5.2 社会主义文化创新的主要内容

中国社会主义文化建设的根本问题在于创新。文化创新作为文化建设的核心，包括十分丰富的内涵，体现在文化建设的各个方面和全过程。具体包括：社会主义文化观念的创新。任何创新都是从突破传统的观念开始的。文化的本质和功能本身就决定了文化必然具有某种保守性，决定了每一种文化都更注重或强调自身传统的稳定、延续、继承。因此，文化观念的更新与变革相对于其他方面的更新与变革更为艰难和缓慢。所谓文化观念的创新，就是要摆脱陈旧、过时的传统观念和传统思维定式的束缚，创造先进的文化观念和新型的思维方式，即适应社会发展要求的新思想、新观念、新思路、新方法，突破前人的结论和常规。在现阶段，随着社会主义市场经济体制的建立，对文化体制的改革提出了要求，由国家单一投入的文化事业已经不能满足广大人民群众对多层次的精神文化的需求，需要大力发展文化产业。这就需要我们宣传文化部门要适应形势的发展，更新观念，树立文化产业意识，破除文化工作是纯事业的旧观念；树立文化产业不仅是精神产品，也是一种特殊商品的新观念；树立文化不仅需要投入，也能够产出的新观念：树立文化不仅要搭台，也能够唱大戏的新观念；树立与社会主义市场经济相适应的经营观念、竞争观念、经济效益观念、民主法制观念和开拓创新精神，破除传统观念等。社会主义文化体制的创新是文化创新的最终保障，离开了制度创新，文化创新活动就不能正常地进行，文化创新的成果也就会因失去制度保障而化为乌有。良好的文化体制是文化创新的基本保证，也是文化服务于经济建设和社会发展、丰富人民精神世界的机制保障。文化体制的创新就是要突破在旧的经济体制下形成的一套慢慢稳固下来的结构，一套人们早已习惯为常的思维方式和一套已经规范化了的办事和程序，建立一套与新的经济体制相适应的新的结构、思维方式和规范程序。在社会主义条件下，传统的计划经济体制下形成的文化体制从根本上说是同社会主义市场经济体制不相适应的。随着社会主义市场经济体制改革的不断深化和完善，文化体制同市场经济体制不相适应日益明显。当前，文化体制创新的关键，是如何根据社会主义精神文明建设的特点和规律，适应社会主义市场经济发展的要求，建立起既能促进文化生产力的发展，又繁荣社会主义文化事业，壮大文化产业规模的社会运行体制。文化观念的创新、文化体制的创新，最终要落实和体现在文化形式的创新上。在当代中国，改革开放和现代化建设的伟大实践是文化形式创新的源泉；而人们精神世界的丰富和改造过程，就是创造新文化的过程。文化形式上的创新主要表现为创建当今中国人喜闻乐见的文化新形式，特别是运用现代科技发展的成果全方位表现丰富多彩的现代文化。新中国成立后的几十年里，中国的文化一直和政治紧密相连，从一定意义上说，中国文化成了政治文化，国家文化和非“民众”文化，抹杀了不同阶层不同群体的文化需要。文化形式单一，文化内容枯燥，不能满足人民大众的多样的文化需求，中国的文化大观园里呈现出一派凋零的景象。随着社会主义市场经济的建立与完善和对外开放的扩大，中国文化也迅速地融入世界文化多元化的行列中来，世界文化的多元化影响和改变着人们的生产方式、生活方式、思维方式和价值观念，人们对文化的需求日趋强烈，逐渐形成了文化需求结构上的多元化特征。这就要求我们以批判性思维审视中国文化，改变中国文化结构中存在的文化与政治混为一谈的单一文化形式，这也迫使我们的文化工作者必须时时刻刻关注文化消费需求的动向，不断创新形式，以吸引更多的文化消费大众，使每一个人都真正体会到文化带来的精神上的快乐和幸福，在多元结构中实现文化的超越。我国在电视节目形式上的创新可以说走了一条成功的路子。在 80 年代，电视节目虽有些变化，但仍未能突破“图像加解说”的框框。1993 年，中央电视台推出了《东方时空》，并设置了《焦点时刻》，接着把《生活空间》改为《讲述老百姓自己的故事》，使受众面扩大，拉近了与群众的距离。1994 年，又在黄金时间推出《焦点访谈》。1995 年推出《新闻 30 分》，均受到群众的欢迎。1996 年又引进竞争机制，采取招标措施推出《新闻调查》，对新闻进行深入剖析，弥补了《焦点访谈》深度不够的缺陷。中央电视台电视节目一系列形式上的改革创新，不仅使新闻报道质量得到很大提高，而且强化了新闻节目主流文化的社会影响力。现代科学的发展，不仅改变了人们的观念、生活方式和生产方式，而且一次又一次地推动各门类文化艺术产生一系列的变革，开发出具有高科技含量的新兴文化产品，促进社会文化观念和文化战略的发展，使 20 世纪成为科技力量所支撑的新兴艺术品种的大量涌现的时代。高新科技的发展对于文化事业和文化产业的发展产生了重大影响，并由此形成了近年来文化娱乐生活的急剧变化。例如，数字图书馆的建立为文化传播打开了信息时代的大门。它主要是对高价值的图像、文本、语言、音响、影像、软件和科学数据等多媒体信息进行收集，并提供网上高速横向跨库连接的电子存取服务。多媒体技术是将出版社的印刷出版能力、电视与电话的视听传播能力、计算机的综合交互能力，综合成一个整体，促使人们从一个新的角度去认识和感受世界。多媒体在三维动画和影视特技方面创建了一个新行业。如果说科学和文化是构成人类进步的坐标系，那么，多媒体产品则坐落在这个坐标的交叉点上。可见，多媒体技术将会极大地推动文化产业的发展，方便和丰富文化生活。此外，随着电子信息技术的高速发展，人们还可以通过网络欣赏音乐，购买文化产品——书籍、唱片等。因此，在现代高科技日益渗透的今天，文化艺术部门必须以科技作为文化创新的方法和手段，求取社会主义文化事业的发展。今后，我们必须高度重视现代高科技因素进入文化艺术的创造，对于丰富和强化各门类艺术的表现能力和审美效果，自觉打破长期以来将文化艺术与科学分离的观念藩篱有重大作用。要鼓励艺术文化队伍学习和掌握新的传媒技术，在自己熟悉的艺术门类与现代化载体之间寻求完美的结合途径；在文化产业发展中广泛采用高新科技，提高文化产业的科技含量。特别是要重点建设与高科技相结合，具有先导产业性质的文化电子信息服务网络等，加快推进全国出版管理信息网络系统建设和出版物市场信息系统建设。同时，我们又必须认识到，科技因素永远无法代替文化艺术中的人文与精神因素，在一定物质技术条件下，要充分调动和发挥艺术家、精神产品生产者的创造精神与艺术的灵智，提高文化的原创力水平，繁荣文化事业，发展文化产业，为文化艺术与高新科技的进一步结合奠定基础。

9.5.3 中国文化建设的创新之路

如何在全球化背景下实现中国文化的创新，繁荣文化事业和发展文化产业，既是一个重大的理论问题，又是一个急迫的现实问题。文化创新，不是简单的为创新而创新，也不是随意的标新立异。文化创新的目的在于发展当代中国的先进文化，推动中国特色社会主义文化建设，提高中华民族的精神文明程度。

要实现中国文化的创新梦，必须实现传统文化内容和形式上的创新，传统文化不仅是我们繁荣文化事业和发展文化产业的资源基础，而且也是我们进行创新的文化密码。中国传统文化历史悠久、博大精深，有五千年的文化积淀，对世界文化的发展都产生过深远的影响。早在两千三百多年前，我国古代思想家墨子就提出了关于力学、光学、几何学的基本知识和现代物理学、数学的基本要素。我国古代的“四大发明”也远远超过西方国家。就内容而言，中国传统文化中有些落后的东西必须抛弃，但中国传统文化中的许多优秀成分，如自强不息的民族精神、和而不同的文化胸怀、整体性的思维方式等，都是中华民族的宝贵遗产。体现民族的特色应在新的历史条件下加以继承和发扬。但是任何一种古老的文化精神的简单回归都无助于文化“软实力”的增强。文化的生命力在于发展，在于创造，在于善于以开放的胸怀吸收人类一切优秀文明成果。因此，一种文化的生命力不仅在于其特有的民族性，而且更在于对优秀传统文化的内容认真地研究，将传统文化与现代文化结合起来，赋予传统文化以新的时代精神，以引起人们的新鲜感。近年来，韩国影视业之所以成为继汽车之后赚取外汇的第二支柱产业，并在东亚地区掀起阵阵旋风，在很大程度上是因为韩剧在内容上注重创新，在吸收欧美文化的同时，注意以东方人的视角重新包装设计，把“儒家伦理情怀”与现代人的生活巧妙结合起来，让这些国家和地区的人们似曾相识的印记若隐若现，既有新鲜感又有亲和力，就会受到人们的广泛欢迎。我国的一些地方在传统文化中注入新的内容，使之为经济服务。如 1999 年，云南地方政府利用传统“99 火把节”节日文化资源，组织物资交流大会等经济文化活动，招商引资项目 200 多项，累计物资交流成交额 2839.72 万元，达成引资合作项目台资 1 项，国内协作项目 13 项，总投资 7268 万元，外资项目总投资 13.6 万美元。[1]应该注意的是，在发展文化产业的过程中，传统文化不能只是被动地等待市场机会，而是要积极影响市场，并引导市场建立起向传统文化靠拢的价值取向，寻求传统文化与市场新的结合点，提升文化产品的科技含量，使我们的文化产品成为大众愿意接受的一种文化形式。这需要不断实践和创新，应当在彰显中国传统文化元素的基础上，努力吸收世界优秀文化，使我们的文化产品既具有鲜明的中国特色，又具有强烈的现代意识和价值取向上的普遍性，使中国文化在创新中得到传播和发展。如引领着中国民乐的世界流行风潮并风靡欧美地区的“女子十二乐坊”，她们采用声、光等现代科技手段完美地将中国传统的民族器乐与时尚的现代音乐元素有机结合，使其作品既保留了浓郁的中国民族音乐色彩又兼具时尚与流行的世界音乐风格。最离经叛道的是她们以超短裙、露背装、站立表演，身体还随音乐不停地摇摆的表演形式，

[1] 陈庆德：《发展人类学引论》，云南大学出版社 2001 年版，第 194 页。

代替民乐演奏正襟危坐、含蓄内敛的传统风格。云南傣族泼水节，本是在傣族新年的传统节日。在这一天，傣族男女老少都穿着盛装，把清水泼向佛像，而后互相泼洒，以消除邪气，带来幸福和吉祥。可随着旅游业的发展，各景点的泼水节的宗教性逐渐淡化，成为一种大众化、日常化的活动。只要游客需要，随时可以表演。其实，现代性与传统性并非不相容。“文化的存在形式是什么？是复制，文化被不断地复制，在复制中存在，在复制中保持价值和意义，复制是一种运动形式。所谓‘原汁原味’的文化，从严格意义上讲，是不存在的。”总之，我们只有将传统文化和现代文化结合起来，才能创造出更多的适应现代人乃至世界其他民族共享的文化产品，才能使之成为具有更大普遍性、超越性和世界意义的人类文明财富，在与时代前进的同步中有效地保留、延续和发扬民族文化。

要实现中国文化的创新梦，主流文化必须借助文化产业的发展不断地充实和丰富自身。主流文化在社会主义文化中无疑占有主导地位，是主流意识形态。它通过自身的科学性和先进性，通过执政党的地位和权威，渗透到社会的各个领域和层面，对整个社会和文化起到一种教育和规范作用，是一个具有创新和自我超越能力的开放体系，它给人们的自由创造留下了广阔的空间。它在不断应对和回答时代与实践的挑战中，获得了强大的生命力，实现它对人们的认识和实践的双重指导作用。但是，面对文化全球化趋势的发展，面对世界各种思想文化思潮既有吸纳又有排斥，既有融合又有斗争、既有渗透又有抵御的复杂新形势，主流文化要增强自己的生命力、创造力和竞争力，就必须寻找新的途径来充实和丰富自身。十六大报告对文化产业地位的肯定，就是要建立新的文化管理体制，将经济效益引入到文化发展目标之中，并通过产业化和市场化的手段创作与传播先进文化，使一切有利于维护社会和谐的思想内容、社会资源、文化资源，都吸收为社会主义文化产业的积极成分，从而促进社会主义先进文化的发展。因为许多文化产业寓教于乐，能把文化的学术性、专业性和知识性与趣味性、观赏性、娱乐性结合起来，增强文化的吸引力和感染力，使人们在潜移默化中受到历史的、社会的、道德的教育，从而培养人们积极向上的精神，同时又使人们在喜闻乐见的艺术形式中得到美的陶冶和享受，从而消除疲劳，心情愉悦，还为人们提供了一个相互交流、沟通思想的场所，对保持社会稳定有积极的作用。我们要推动马克思主义中国化进程，就要将马克思主义意识形态与民族文化相结合，融入学术文化、商业文化与大众娱乐文化之中，推进文化产业化进程，繁荣社会主义先进文化，让中国先进文化在世界舞台上占一席之地。恩格斯在致梅林信中指出："意识形态是由所谓的思想家通过意识、但是通过虚假的意识完成的过程。推动它的真正动力始终是他所不知道的，否则这就不是意识形态的过程了。"[1]当代中国共产党要获得意识形态的领导权，不能单纯依靠操纵和思想灌输的方法，更不能用强制手段来获得，要通过有效的让人们乐意接受的方式，借助于文化产业，才能使主流意识形态的先进性和文化的广泛代表性有机地结合起来，这样，既能坚守马克思主义的阵地，扩大自己的世界性影响，激发人们对社会主义制度的向往，也能通过文化产业的发展、文化产品的不断创新而使自己得到充实和丰富。

要实现中国文化的创新梦，必须在文化产业发展中提升大众文化的文化品位。一个国家的形象不仅仅来自它的高端的传统文化，而且很大程度上来自被视为"低端"的大众文化。高雅和深刻的文化理解往往对其他文化中的少数人来说合适，而大众文化的鲜活和直接往往也可以为大多数人形成健康、乐观、充满活力的形象。如电影、电视节目、音像制品及各种文化产品已经成为美国等西方意识形态"软权力"的主要载体，是当代最独特而又完整、最具影响力的大众文化。我们在消费这些文化产品的时候，感到娱乐的同时，也就是在接受美国"主旋律"的宣传，而美国则获得了经济和宣传的"双赢"，人们对于美国的感受，往往并不是来自于对于美国历史和经典文化的深入了解，而往往是直接来自对于好莱坞明星和大片的熟悉。人们可能知道电影演员施瓦辛格，但对于美国哲人爱默生了解得却很少。这告诉我们，一个国家的文化影响力首先来自于鲜活、直接的大众文化的国际影响力，它是人们以审美的形式认识世界的一种方式，同时，它又反过来作用于人的精神世界，对人的思想道德、智力和情感产生深刻的影响。当前，我国大众文化亟待提升自己的文化品位。由于大众文化的产品主要是面向普通老百姓和消费者，本身具有时尚性、浅显性甚至媚俗性的特点，无视一定的思想性、艺术性和原创性，千篇一律、粗制滥造、低级趣味的现象也时有发生，所以我们不能用主流文化和精英文化的一些标准来要求它，但这并不是说它在创新方面可以毫无作为，相反，它也有自己的一片创新天地。如何吸取主流文化和

---

[1] 《马克思恩格斯选集》第 4 卷，人民出版社 1995 年版，第 726 页。

精英文化的一些长处，并把它们同自己的优势结合起来，这是大众文化进行创新和提升文化品位的关键所在。文化产业是大众文化产业化的结果，大众文化的时尚性、娱乐性、复制性和商品性使它必然成为文化产业的主体。文化产业在壮大大众文化、提升大众文化品位方面可以大有作为。应该看到，文化在当今不仅属于精神文明的范畴，为现代化提供智力和精神支持，同样它也属于产业范畴，具有经济功能，能够推动生产力的发展。文化产业不仅能把主流文化和精英文化的一些作品融入大众娱乐之中去，而且同样可以创造社会效益。现在的问题是，我国的总体文化事业和文化产业缺乏原创的活力，缺乏具有自主知识产权的优秀作品，缺少核心产品和国际竞争力。因此，中国大众文化的从业人员通过对文化的原创力的追求，要致力于当代中国的文化建设和文化创新，形成强大的国际文化吸纳和消化能力，以及在对传统的理解中不断挖掘和获取原创力的力量，在注重社会效益的前提下，提高文化事业和文化产业的核心竞争力，提升大众文化的品位。

要实现中国文化的繁荣、创新，归根到底要靠一支高素质的人才队伍。一个时代的思想文化大厦，必须要有一批名家大师和大家来支撑；一个民族的灿烂文化，必然要有一批泰斗和巨匠来代表；一个国家文化的繁荣兴盛，必然要有一批领军人物来领衔。人才是文化创新的基本条件，是我国文化持续发展的根本保障。要把文化人才队伍建设放在更加突出的地位，积极营造有利于高素质文化人才大量涌现、健康成长的良好环境，表彰有杰出贡献的文化工作者，造就一批人民喜爱、有国际影响力的名家大师和民族文化代表人物，为社会主义文化强国建设提供有力的人才支撑。首先，文化工作者是文化生产和文化创新的主力军，文化工作者承担着人类文化知识的运用和传播，承担着精神品的创作，是社会主义精神文明建设中一支骨干力量。因此文化的创新和繁荣很大程度上取决于文化工作者所具有的文化知识的积累程度、与时俱进的品格和精品力作的创作能力等。其次，建立有效的创新人才选拔机制。早期发现和逐级选拔对造就高素质的创新人才至关重要。没有有效的发现和选拔机制，新人才会被漠视或压抑。国外选拔创新人才一般有政府主导和民间自发两种形式，两者相辅相成。最后，充分发挥人民大众的主体作用。人民大众是我们党的力量源泉和胜利之本，党的一切奋斗都是为中国最广大人民谋利益。人民大众不仅是物质生产的主体，也是精神生产的主体和文化建设与文化创新的主体。人民大众中蕴藏着巨大的智慧和无穷的创造力。进行文化创新，必须尊重人民大众的首创精神，充分调动和发挥人民大众的积极性和主动性，激发人民大众的创新潜能，化作促进社会发展与进步的驱动力。

第 10 章　文化产业发展创新的外部条件

10.1 经济全球化催生文化全球化

当今时代，全球化已成为世界发展的一种内涵丰富的客观现实和历史发展趋势，这是人们无法否认的。但是，对于什么是全球化，它作为一个历史过程，包括社会、政治、经济、文化、军事等诸多领域的变革的多维的过程。作为一种现实存在，它是涵盖社会、政治、经济、文化、军事等诸多领域的多维的复合体。正是全球化的多维的特点决定了不同学科领域对全球化的不同理解。反映在全球化（Globalization）的概念上，因研究者视角的不同而千差万别。按照国际货币基金组织的定义，“全球化是指跨国商品与服务交易及国际资本流动规模和形式的增加，以及技术的广泛迅速传播使世界各国经济的相互依赖性增强”。[1] 我们认为，这一定义是有失偏颇的。全球化虽发源于经济领域，但其影响是全方位的。全球化并不是社会领域单纯的经济现象与结果，而是政治、经济和文化多种因素综合作用的复合现象与结果。将全球化局限于经济领域而否定其对政治和文化等领域的影响，对全球化的研究就达不到全面、正确的程度。美国学者阿里夫·德里克认为：“全球化也具有意识形态性，因为它试图根据一种比任何东西都更有效地服务于一些利益的新的全球想象来重新建构世界。”[2] 在承认经济全球化的同时，应超越经济的视域，考察全球化对精神文化等意识形态领域的影响。经济、政治与文化三者的关联性和不可分割性是当代社会的一个重大特点。全球化不仅对经济产生作用，而且对政治和文化发生重大影响也是必然的和不可回避的。因此，全球化作为一种广泛地发生于世界各地的政治、经济和文化的发展趋势，是世

[1] 《世界经济展望》，中国金融出版社 1997 年版，第 56 页．增强。

[2] 王宁：《全球化与后殖民批评》，中央编译出版社 1998 年版，第 3 页。

界不同的民族和国家借助于先进的交通工具和通信手段，不断地超越自身活动的空间范围和既定的制度、文化等社会障碍，在全球范围内实现充分的交流、对话、协调和沟通，并在此基础上形成一种全球性的文化认同、价值认同和实践认同的发展趋势，必然出现以对话代替对抗，以多元代替一元的结果。全球化绝不是西化或者全球同质化。事实上，目前还没有一种力量能够同化整个世界。全球化恰恰是各民族、国家在经济、政治和文化等方面的互动、沟通、融合、提升和共进的绚丽多姿的局面。经济全球化带来文化全球化。总而言之，全球化首先表现为世界经济的全球化，与此同时，经济全球化也促使各国文化之间的大交流的到来，导致了文化全球化的现象。货物、服务、资本、人员等在国际范围的频繁流动，必然导致各种文化产品、文化资本和文化价值观念也随之进一步打破了民族国家的界限，在全球范围自由流动，扩散到世界各地，带来了文化的全球化。譬如，当“麦当劳”“肯德基”进入中国的消费市场时，也带来美国人的快餐文化和饮食观。另一方面，由于科学技术的发展和资本的全球化流动为文化的广泛而迅速的传播提供了载体、工具和渠道，不同国家、不同民族之间的文化交流与学习也日益增多，也直接地推动了文化全球化的进程。今天，全球化扩大了文化与经济联姻的范围，已成为最广泛的时代背景。地球一村，人类一家的状况和趋势越来越明显，文化全球化已成为不可遏止的浪潮。所以，经济全球化与文化全球化存在着联系，文化全球化是经济全球化的伴生物。这一观点也是符合马克思主义的。马克思主义认为，社会生产从来都是全面的生产，既包括直接生活的生产，如物质资料的生产和人自身的生产，又包括精神文化的生产。“思想、观念、意识的生产最初是直接与人们的物质活动、与人们的物质交往、与现实生活的语言交织在一起的。观念、思维、人们的精神交往在这里还是人们物质关系的直接产物。表现在某一民族的政治、法律、道德、宗教、形而上学等的语言中的精神生产也是这样。人们是自己的观念、思想等的生产者。”[1] 马克思一方面肯定历史过程的决定性因素归根到底是现实生活中的生产和再生产；另一方面也给文化和其他参与交互作用的因素以应有的重视，肯定了包括文化在内的上层建筑对经济基础的能动的反作用。马克思还认为，由于人类需要的不断递进上升性而导致的社会生产的能动性，使得“各个单

---

[1] 《马克思恩格斯选集》第1卷，人民出版社1995年版。

独的个人才能摆脱各种不同的民族局限和地域局限，而同整个世界的生产（也包括精神生产）发生实际联系，并且可能有力量来利用全球的这种全面生产（人们所创造的一切）”。[1] 马克思已经预见到了人类实践的能动发展以及社会化大生产的出现将导致经济全球化和文化全球化同时到来的状况。文化全球化为中国文化的发展提供了难得的机遇。文化全球化使我们可以用一种新的眼光和视角来环顾世界和审视自己的文化；它开阔了我们的文化胸襟，积极关注全人类性的文化现象和文化课题；它促进了我们同其他不同文化的接触、对话和交流，使我们能够分享世界文化资源和人类文化的成果；它也给我们提供了多种文化参与的机会和更大文化创造的舞台，为中国文化走向世界，实现中华文化的伟大复兴开辟了道路。

10.2 文化全球化下的国家文化安全

文化全球化中的文化融合与冲突。江泽民同志在 2000 年联合国千年首脑会议上指出：“经济全球化是随同社会生产力发展而产生的一种客观趋势。现代科技的进步，先进的交通工具和通信手段的产生，为经济全球化的发展创造了条件，我们需要世界各国共存的经济全球化，只有相互尊重，相互促进，保持经济发展模式、文化和价值观念的多样性，世界文明才能生机盎然地发展。”文化归根到底是人类的实践方式和生存方式的反应。由于人类的实践方式和生存方式具有普适性，因此，各民族本土文化价值观的背后都蕴涵着共性。这也是多元文化价值观可以相互交流、沟通乃至融合的基础。文化全球化是各民族文化交融的必然结果，是人类共同体验、创造的结晶，是人类存在和发展的需要。它客观上有助于各个国家、民族文化的发展以至整个人类文化的进步。今天，以互联网为标志的信息高速公路形成的全球信息革命实质上是广泛的全球文化革命。网络冲破了一个个区域文化的堡垒和壁垒，将各民族的本土文化贯通和串联起来，使整个世界日益成为一个紧密联系的整体，促使多元文化的交流、沟通和融合，使区域文化资源汇聚成人类共享共有的资源，推进着文化全球化的步伐。没有哪一个国家、民族和地区能够游离于文化全球化的海洋之外，没有哪一种文化价值观不与其他文化价值观交流、对话、沟通和融合。网络还造就了一种新的文化形态—网络文化，它以

[1] 《马克思恩格斯选集》第 1 卷，人民出版社 1995 年版。

计算机互联网络为载体，拥有自己独立的技术语言和时空状态，具有全新的沟通方式和独特的生存状态，对人们的交往方式、行为方式、思维方式、情感方式以及伦理观念都产生了深刻影响。比尔·盖茨说："因特网将改变一切"。"信息高速公路将打破国界，并有可能推动一种世界文化的发展，或至少推动一种文化活动、文化价值观的共享"。[1] 由经济全球化催生的文化全球化意味着多种文化交流、沟通、互补、融合机会的增多，但是这并不排斥各民族、各地区以及各大文化系统在交往中发生价值观的冲突的客观必然性。由于不同民族和国家的政治制度、道德伦理、历史传统、社会背景、观念习俗、地理环境等的不同，文化价值观有明显的民族性和地区差异性，有差异就有矛盾冲突，在多元文化交流中产生价值观的冲突是正常的和难以避免的。在此期间，当今世界始终存在着两种力量：一种是以西方发达资本主义国家的文化形态为代表的强势文化，强势文化强调自己是先进的文化形态，代表世界文化发展的未来方向。所以，它们总是以世界文化发展秩序的霸主自居，到处张扬和传播自己的文化观念和思想方式。而它们主张的文化多样化，就是自己仍然保持对世界文化的"霸主"地位。另一种是以发展中国家和落后国家的文化形态为代表的弱势文化，它们则保持自己相对落后的状态，自觉地"服从"强势文化的领导。美国学者杰姆逊指出，现在第一世界掌握着文化输出的主动权，可以通过传媒把自身的价值观和意识形态，强制性地灌输给第三世界。而处于弱势和边缘地位的第三世界则只能被动接受，他们的文化传统面临威胁，文化价值观和意识形态受到不断的渗透。第一世界文化的侵略和渗透必激起第三世界反对文化殖民和文化霸权的斗争，由此而产生的文化冲突就难以避免。所以，文化全球化的实质就是强势文化借助强大的经济势力在世界文化的多样性发展中占据着主流和中心地位，对全球的其他文化形态进行全面的渗透，从而使我国及其他经济、文化弱势国家的文化安全面临更加严峻的挑战。随着 20 世纪 90 年代以来全球化的不断发展，文化的地位不断攀升，作为整个国家安全体系一个重要组成部分的文化安全问题也越来越在国际关系中凸现。

近年来，一方面，和平与发展是时代主题，世界处于一个相对稳定的发展时期，中外文化交流空前活跃，中国文化以其具有的独特魅力"走出去"，

---

[1] 比尔·盖茨：《未来之路》，北京大学出版社 1996 年版，第 327 页。

开始与世界各国优秀文化交流、对话。中国政府在海外举办的“中国文化节”活动，不仅受到了各国人民的欢迎，而且日益扩大了中国文化在世界的影响力。如在美国举办的“中华文化美国行”、法国巴黎的“中法文化年”、“相约北京”、“上海国际艺术节”等一些大型主题文化活动。特别是“孔子学院”在一些国家的建立，使我国文化进入西方发达国家主流社会，也使我国人民领略到世界各国的优秀文化艺术，开阔了眼界，丰富了精神生活。另一方面，在经济文化全球化背景下，世界各种思想文化在互相交流、沟通和融合的过程中，不可避免地也存在着矛盾和冲突，使国家文化产权、主权、安全问题日益成为许多国家尤其是发展中国家关注的更加突出的问题。在全球化的浪潮下，美国等西方发达国家利用自己的经济科技实力，向世界推销自己的文化产品，不仅赚取了大量的利润，而且还把他们的思想观念、生活方式和价值观甚至意识形态散布到世界的各个角落。人们把这种文化侵略称为“没有硝烟的战争”，其影响力和渗透力绝不亚于任何枪炮。中国社科院哲学所“国家创新体系”研究小组提供的信息表明，全球 50 家媒体娱乐公司占据了当今世界 95% 以上的文化市场。目前，传播于世界各地的新闻，90% 以上由美国和西方国家垄断；美国控制了全球 75% 的电视节目和生产制作，节目源主要掌握在美国人手中，而设备主要掌握在日本人手中。许多第三世界国家的电视节目有 60% ~80% 的栏目内容来自美国，几乎成为美国电视的转播站；而在美国自己的电视中，外国节目的占有率仅 1. 2%；美国电影以世界电影产量的 6. 7%，却赢得了 80% 的世界电影市场占有率。国家互联网访问量最大的 100 个网站中，94 个属于美国。看迪尼斯卡通与好莱坞电影不只是消费西方的物质产品和文化产品，接触一种新的消费与生活娱乐方式，而是浸渍着丰富的意识形态与文化理念，如个人主义、享乐主义等。吃麦当劳、喝可口可乐，毋庸置疑，是把某种意识形态压缩成文化快餐的形式让人们轻松愉快地潜移默化地接受，这比意识形态教条的硬性灌输效果来得更明显。曾有学者不无危机感地指出：“一件文化产品即颠覆了我们精心培育的青少年的世界观与价值观。”[1] 经济全球化的过程也就是文化扩张的过程。世界市场“卖的不再仅仅是商品和货物。它还卖标识、声音、图像、软件和联系。

[1] 丹增：《文化产业发展论》，人民出版社 2005 年版，第 165 页。

这不仅仅将房间塞满，而且还统治着想象领域，占据着交流空间。”[1] 这些“美国式”的文化产品对我国社会主义国家文化安全造成了严峻威胁。如何构建面向21世纪的中国文化安全战略已经成为我们亟待解决的重要问题。

10.3 营造良好的外部环境，促进文化产业发展与和谐社会建设

10.3.1 民主法治的环境

民主法治在构建社会主义和谐社会中具有重要的地位和作用。民主是社会主义和谐社会的制度之源，法治是社会主义和谐社会的基本保障。构建社会主义和谐社会对民主法治建设提出了新的要求，需要我们从多个方面进一步发展社会主义民主，完善社会主义法治。长期以来，文化被认为是单纯的公益性事业，多由政府财政包办、垄断性经营，既没有采取市场化战略，也没有引进竞争机制，因而不适应市场化发展的需要，阻碍了文化产业化发展。改革开放二十多年来，我国虽然出台了一些文化方面或与文化产业密切相关的法律法规，如《著作权法》《教育法》《商标法》《广告法》《行政许可法》以及《娱乐场所保护条例》《音像制品管理条例》《出版管理条例》和《计算机软件保护条例》等，并也制定了一些配套的实施细则，但总体来说，我国的文化立法还处于初级阶段，线条较粗，与蓬勃发展的文化产业很不相称，法律保障不完善，与国际规则的衔接不够，无法真实客观反映我国文化产业发展的知识化、科技化、意识形态化、民族化和全球化等特殊规律性。因此，必须对现行的法律法规进行必要的补充和调整，以适应文化产业健康发展的客观要求。文化产业只有在一个民主法治的社会中才可能得到良性的发展。

10.3.2 公平正义的环境

公平正义是人类社会的基本价值，也是一个社会的人文关怀乃至价值合理性所在。任何一种文化产业的发展都有两条线索，即横向线索与纵向线索。横向线索反映了不同国家、不同地区之间文化产业发展的关系；纵向线索反映了不同时代、不同阶段文化产业发展的关系。中国文化产业的横向发展线索与纵向发展线索、不同阶段文化产业发展的关系。中国文化产业的横向发展线索与纵向发展线索都有两种不同的状态：一种是公平的状态；一种是不

---

[1] ［美］阿兰·伯努瓦：《面向全球化》，王列、杨雪冬编译．《全球化与世界》，中央编译出版社1998年版，第10页。

公平的状态。讲文化资源开发或文化产业发展的公平，主要讲规则的公平。中国文化产业可持续发展的完整含义，不单纯是实现横向公平或纵向公平，而是要实现两种公平的统一。实现横向公平与纵向公平的统一，关键在于把握一种分寸。这个分寸不仅是一个质的规定，同时也有量的规定。在这个规定的范围内，可以把对不同地区和不同时代人们利益的损害降到可以接受的降低程度，或把利益的满足提升到可以实现的最高的程度。具体为：①重视公平超过重视效率，控制贫富分化，寻求均衡发展。②全面注重不同文化资源的开发与利用，以精神性的可再生能源替代物质性的不可再生能源；以“文化资本”替代“经济资本”；以精神消费填补物质消费无法满足的精神需求。③以慢节奏的“休闲娱乐型（精神消费型）社会”替代快节奏的“工作消费型（物质浪费型）社会”。④确立更合理的发展指标，将社会文化发展纳入社会水平的衡量之中；将人类对幸福、快乐的追求——而非仅是对物质财富的病态拥有——恢复到自然健康的人性基础上；致力于保护精神健康，以价值理性管理人类社会，走人与自然、身与心的和谐发展之路。

10.3.3 诚信友爱的环境

诚信是一个道德范畴，是一种展现做人的品格和境界的美德。友爱展现了人间真情，又突出并确证了人的高贵。诚信友爱是和谐社会的首先内涵，也是促进社会和谐的重要途径，尤其是在我们这个社会急剧转型的时代，特别迫切需要人与人之间的诚信友爱。文化产业从本质上说就是以人类的脑力劳动为基础的精神生产力发展的现代形态，教育产业是文化产业系统的基础性产业，它是以培育人、教导人、塑造人为目标的精神生产。媒体产业是文化产业系统的导向性产业，它以纸质传媒和电子传媒为主要形式，以宣传或传播为主要特征。由于它最明显体现产品的意识形态性与商品性的统一，因而这一产业在整个文化产业系统中起中枢作用，既是基础，又是中介，还是传导和连接的主体。

文化产业提供给人们精神消费，可以提高广大群众的诚信友爱和道德文化素质，为良好的市场经济打下坚实的基础，是市场经济秩序的基础保障。文化产业是提供文化食粮的精神动力，是经济创新的精神源泉和原始动力。这是因为创新能力得益于高素质的人才，没有高素质的人才创新就无从谈起。所以，国民素质的提高以及创新能力的增强关系到文化产业的发展，经济建设必须以道德人文为统领，而文化产业的缺失必然造成大众诚信友爱和道德的低下，造成经济创新能力的严重不足，从而影响和谐社会的构建工作。

10.3.4 充满活力的环境

社会主义和谐社会应当是一个充满活力的社会，是创造活力得到充分激发的社会。要激发全社会的创造活力，就要使一切有利于社会进步的创造愿望得到尊重、创造活动得到支持、创造成果得到肯定。社会主义先进文化是保持文化活力，促进文化事业全面繁荣，加快文化产业发展的根本方针和根本方向。文化事业的繁荣和文化产业的发展离不开文化活力，离不开生产健康向上的精神文化产品，离不开营造有益于人民群众生产生活的思想文化环境。文化产业的发展推动了人们知识创新和社会文明进步。战争年代，音乐成为鼓舞士气最好的精神动力，就足以体现文化产业对主体行为的强大驱动力。传唱至今的《义勇军进行曲》《黄河大合唱》《在太行山上》《游击队之歌》《志愿军战歌》等革命歌曲，曾激励了多少中华儿女为祖国的独立、民族的解放，浴血奋战、英勇捐躯。和平时期的建设、和谐社会的构建，同样离不开和谐文化的精神支撑。伴随我国和谐社会建设进入实践的新阶段，文化作为和谐社会的精神支点，其精神动力更有待通过文化产业的大发展，实现对中国梦更大力度的推动。

10.3.5 稳定有序的环境

稳定有序是构建社会主义和谐社会的必要条件和基本标志。稳定是相对于混乱而言的，有序是相对于无序而言的。稳定是指社会处于平稳和安定状态，混乱则是指社会处于动荡和不安定状态；有序是指社会处于组织程度较高的有秩序状态，无序则是指社会处于无政府、无组织的无秩序状态。一个社会安定有序，本身就是不同利益群体各尽其能、各得其所而又和谐相处的表现，反映在思想文化领域的有序，其实质就是巩固马克思主义在意识形态领域的指导地位，巩固全党全国人民团结奋斗的共同思想基础，繁荣发展文化事业和文化产业，满足人民群众日益增长的精神文化需求。当前，我们所处的国际国内环境相当复杂，既面临大好机遇，也遭遇严峻挑战。团结一心，保持安定有序，我们才能抓住机遇，克服困难，应对挑战。我国文化产业发展正处于一个重要战略机遇期，确保安定有序，才能抓住和用好这个战略机遇期，实现经济发展和社会和谐；确保安定有序，才能化解矛盾、理顺情绪，团结一切可以团结的力量，调动一切积极因素；确保安定有序，才能妥善解决我们面对的各种问题，为经济社会发展创造良好的内部和外部环境。在文化产业发展的大局面前，我们要解放与创新观念，树立全新的文化产业意识，转变政府职能，改变计划经济体制下的文化管理体制、运行机制和领导方式，进一步加强对文化产业的宏观调控和行业管理，促进文化产业顺利发展。鼓励和放宽各种社会资金投放文化产业，设立文化产业发展基金，建立市场型文化资产经营公司。区分文化事业和文化产业，改革产权制度，提升产业品级，推动产业的现代企业制度建设。适应市场经济的发展，努力克服文化组织管理体系中“行政手段太强，市场手段太软、社会手段太小”的局面。通过改革建立良好的分配秩序，形成一种互惠互利关系，进一步增进社会成员之间的和睦团结，达到和谐安定有序的良好局面。

10.3.6 人与自然和谐相处的环境

人与自然和谐相处，就是生产发展，生活富裕，生态良好。人与自然和谐相处意味着人作为关系的一方，其基本需求与发展的需要能够得到满足。我们应当创造更好的物质与精神生活条件，让人们过上富裕的生活，从而实现人的全面发展。党的十七大报告指出，“发展文化产业是市场经济条件下繁荣社会主义文化、满足人民群众精神文化需求的重要途径”，并进一步提出了“完善文化产业政策，支持文化产业发展，增强我国文化产业的整体实力和竞争力”的明确要求，这是中国文化事业发展的重要里程碑。只有在人与自然和谐相处的环境中，人们才会有更高层次的精神需求，文化产业的发展才能有它真正生存的土壤。

10.4 文化产业的政府支持与监管

10.4.1 政府对文化产业监管的必要性

一个国家的文化资源配置、文化产品创新、文化产业发展、文化产业结构调整、文化产业布局等问题，都涉及政府的监管。政府的严格监管是文化产业迅速、健康、创新和可持续发展的需要，是国家经济利益和文化安全的需要，也是增进国民福利的需要。

（一）文化市场的失灵与文化产业的国家意识形态特殊性

文化产业政府监管是指政府为文化产业的需要所设计的政策法规的实施，并对其运行产生影响的行为，是政府对文化产业经济的干预。从经济角度讲，政府干预文化经济是因为市场存在失灵。

文化经济活动的外部性与文化市场失灵

所谓外部性是指一个行为主体的行动直接或间接地影响到另一个或另一些行为主体的福利时，前者的行动对后者具有了外部性。外部性是一种经济活动施加给社会的某种成本或收益，实质是私人收益和社会收益、私人成本和社会成本的不相等。私人收益大于社会收益时（如企业排污）为负外部性。文化产业活动中的外部性问题相比其他行业更为突出，在文化产业创意产品、内容产品和图书影像制品等许多领域存在知识产权问题，知识产权受到保护为负的外部性，不受保护则为正的外部性。在没有知识产权保护的文化产业创意、内容、图书、音响等产品的生产经营活动面前，文化市场是失灵和失效的。

公共文化产品与文化市场失灵

公共文化产品是指一种提供给社会成员文化消费者使用，而他人不必另付代价亦可同时得到享用的文化产品或服务。最常见的公共文化是无限电视与无线电广播、免费博物馆等。公共文化产品具有两个重要特点：一是非竞争性；二是非排他性。公共文化产品一旦被提供，任何人都可以享用，而不管你是否付费。个人和私人公司没有谁愿意提供这种产品，市场本身不能解决公共文化产品的供给问题，属于市场失灵和失效领域。

（二）文化市场失态

文化产业的产品是特殊的商品，许多文化产品或服务中承载着特殊的成分，这就是意识形态。如果文化商品如图书报纸期刊的内容、广播电视电影的内容、演艺节目的内容、网络节目的内容等背离了国家主流意识形态，或是低级黄色的东西，这就是文化市场的失态。世界各国的意识形态不同，负责任的政府非常注重防范文化市场失态。这是因为文化企业对利润的追逐和存在持不同政见者会造成文化市场失态。

对利润的追求与文化市场失态

对于文化企业的经营者来说，利润最大化是其根本目标和动力。也正是这种内在动力机制，才使得文化企业得以发展壮大，兴旺繁荣。文化企业对利润的竞争追逐可能产生两个结果：一是其产品的内容不动摇社会主流意识形态，有利于巩固统治者的政权；二是其产品的内容背离社会主流意识形态，不利于巩固统治者的政权。这两个结果靠市场机制都不可能阻止其中任何一个结果的产生。市场的力量在文化失态面前显得无能为力。

持不同政见者的存在与文化市场失态

由于文化产业中的许多行业主要是指各种传媒负担着传播思想、观念、理想的舆论指导功能，各种政治势力都有可能为达到其政治目的而千方百计利用舆论传媒工具。在市场经济条件下，由于传媒具有私人所有的性质，文化企业的经营和管理以追求利润为目的，文化传媒企业不排斥任何可使其获得利润的政见者，包括境内外的敌对意识形态势力。当传媒被敌对势力利用时，就会发生传媒市场失态。需要特别指出的两点：第一，文化市场失态是文化市场失灵的一种特殊反映形式，文化市场失态表现在文化产品的内容上，而且失灵的根源在于市场机制的缺陷。第二，文化市场失灵不能归罪于现代文化市场产权制度，因为产权主体的多元化是文化产业发展的动力，也是现代企业的必然要求，而产权集中以至于垄断是文化产业发展的阻力。任何产权制度下都可能发生文化市场失灵，因而才提出了文化产业政府监管的命题。

综上所述，由于存在经济活动的外部性和公共产品导致的文化市场失灵，由于存在对利润的追求和持不同政见者导致的文化市场失灵，为了矫正和防止文化市场的失灵，文化产业政府管制就是不可缺少的，政府应当履行好自己对文化产业的经济管理和维护文化市场秩序的职责。

10.4.2 政府监管文化产业的职能

人类社会进入文明时代以来，人们对于政府应该做什么一直争论不休，各国政府职能的履行五花八门。文化传统和意识形态的差异，使得人们在政府职能问题上不可能取得完全的共识。但由于政府职能的科学界定属于人类共同的文明成果，伴随社会进步文明而发展。

（一）文化产业政府管制职能

20 世纪 30 年代资本主义大危机后，以凯恩斯为代表的国家对经济的干预论诞生以来，对于政府经济职能和文化职能的研究进一步深化。与现代文化产业政府管制有关内容如下：

1. 维护市场秩序

政府制定和执行法规，维护文化市场的秩序：一是保护产权。私人财产神圣不可侵犯。政府要保护个人、集体和全民公有的财产权。产权有效得到保护，才能有良好的市场秩序、文化秩序和经济秩序，经济才能发展，社会才能稳定，文化才能繁荣。保护知识产权是文化产业和文化市场发展繁荣的前提。二是保护公平竞争的市场秩序。政府要为公民参与文化经济活动创造同等的机会，使各类文化企业享受同等“国民待遇”。三是防止恶性竞争和垄断。当公平合理的市场竞争规则遭到破坏出现了恶性竞争或垄断时，政府要运用经济的、法律的或必要的行政手段给予及时的制止，维护市场公平有效地竞争。

2. 宏观调控

为了保证国民经济正常运行，政府要从宏观上对国民经济包括文化产业经济的运行实施宏观调控，建立起宏观调控体系：一是通过货币政策和财政政策，调节文化总需求和总供给的基本平衡，防止文化产业大起大落。二是在必要时通过价格管制防止文化商品的价格畸高畸低，维护文化市场秩序。三是引导文化产业吸纳更多的就业，为扩大国内就业创造条件。四是鼓励支持协调帮助文化企业积极参与国际文化市场的竞争，为国家创汇和国际收支平衡做出贡献。

3. 产业引导

政府通过制定文化产业发展规划战略、规划和产业政策，引导文化产业的发展，期中包括：产业发展目标、产业增长指标、产业结构升级目标、产业布局规划、产业发展的重点行业或领域，以及产业引导、扶持、保护及惩治政策。

（二）文化产业政府管制方法

1. 控制价格

对文化产品（或服务）的价格管制。可以采取最高、最低或统一价格的办法。对文化产业（行业）的价格管制的做法遍布世界各个国家，许多国家都有明文规定。必须指出的是，控制价格是相当复杂的事情，一般情况下不能随便使用控制价格的办法，即使在发生市场失灵的情况下，价格控制选择的时机或程度不高，都会失败。总之，控制价格是政府管制的一个方法，但是使用起来要慎之又慎。

2. 发放许可证或营业执照

发放许可证或营业执照是政府对进入文化产业领域的企业和投资的重要管制方法。许多国家对进入传媒行业都有严格的注册制度，没有政府发放的营业执照是不得经营传媒业的。许多文化产品的生产销售都必须执有政府发放的许可证，否则不得生产销售。使用管制是防止文化市场失态的重要手段。

3. 制定行业标准

制定文化产业行业标准，比如规定报纸期刊的内容范围标准，规定广告业务的真实性标准，规定必须对文化产品的性能、质量、使用注意事项做出明确等标准，都是政府管制的重要方法。文化产业行业标准，既能防止文化市场失灵，也可防止文化市场失态。各国文化产业政府都制定了不同行业标准。

4. 控制利润

为了防止对利润的追逐造成恶性竞争和垄断，为了保护消费者的合法权益，许多国家对文化企业实现利润管制。比如许多国家规定教育产业不能以盈利为目的，高等学校只能是为维持学校运转微利，或者是争取赞助扶持。再比如有些国家对文化产业项目的资本收益率作出规定，也是利润控制的一种方式。

5. 控制劳动和就业

为了保护从业人员的权益，许多国家对雇员的工资、雇用的方式、退休金、失业补助金、事故补偿金、社会保险支出等做出规定，实质是对劳动和就业的控制。这些都适合于文化产业政府管制。

6. 税收与补贴

对各个产业征税以增加政府收入。现代经济中的政府征税除保证政府收入外，征税和补贴已成为产业管制的一种手段。当政府认为应当鼓励某些产业、行业、产品的发展时，可以运用补贴、减免税或降低税幅的方法予以扶持；当政府认为应当限制某些产业、行业、产品的发展时，可以运用提高税率甚至增设税种的方法予以压制。当政府认为应当鼓励消费某些产品或服务或应当限制某种个人消费时，都可以运用补贴或税收的手段影响企业或消费者的行为。政府税收与补贴手段完全适用于对文化产业的管制。有些国家在文化产业的起步阶段为了鼓励支持文化产业的发展，对其实行免税或低税；为了支持动漫产业发展，对动漫产业园实行特别的减免税扶持政策；对创意产业予以财政补贴或专项资金支持等。

10.4.3 政府监管为文化产业健康发展保驾护航

从 20 世纪 30 年代开始，国家干预经济的思想被许多国家的政府所接受，政府在经济生活中扮演着重要的角色，政府对经济的管制职能不断被强化，为文化产业的发展创造良好、有序的环境。

（一）政府对文化产业管制的途径

市场缺陷靠政府管制来弥补纠正，这是保证文化产业稳定、健康和有序发展的重要条件，也是保持文化市场公平竞争，防止垄断，提高市场配置资源效率的有效途径。

1. 充分发挥市场在文化产业资源配置中的基础作用

政府应当充分尊重市场的规律和作用，放弃本不该由政府办的影响市场机制作用的模式。在价格、准入、利润控制方面不应当管制过多，在税收补贴手段运用方面不应过度干涉，除非发生大的市场失灵和失效，应当放手让价值规律“看不见的手”和供求规律去自行调节文化经济运行。

2. 精简政府文化行政机构、提高政府办事效率

政府管理效率低是因为机构庞大，干了本应市场去做的事。振兴文化产业寄希望“小政府”。政府要督促文化行业、产品（或服务）标准的制定工作，加强对文化产业运行状态的监测，增强信息收集和发布工作，给公众和文化企业提供文化经济信息服务，为产业和企业发展提供公平竞争的市场环境。政府不得直接投资兴办文化企业，不得直接插手文化企业，以防止政府寻租。政府投资进行公共文化服务设施建设，要根据公众的需求，通过民主决策程序，防止政府在执行公共文化职能中寻租。

3. 政府不得试图通过管制，强迫他国接受本国的价值观和意识形态

在经济全球化背景下，文化经济不可能游离于全球化之外，但是这绝不意味着经济的强势可以推行文化强权，更不能把文化经济强势作为改变他国意识形态诱发“颜色革命”的工具。世界文化是丰富多彩的，应当彼此开放和包容，先进文化是在相互学习交融中形成的。国际文化产业贸易中，原则只有一个，就是“双赢”或“共赢”。国际文化交流的原则只能是彼此尊重，相互学习，友好交融，共同进步。对于广大第三世界国家而言，在文化产业政府管制方面，要加强对本国文化产业和企业的保护，要十分重视国家文化安全。

10.4.4 政府要正确行使文化产业政策监管职能

政府要懂得产业政策引导性。所谓引导性是指给公众和企业提供一个大

家共同享用的宏观经济信息。如果你的政策正确，聪明的企业决策者会自觉地跟进，也就达到了产业政策的目标。政府政策决策必须科学民主，充分尊重市场规则和市场需求。文化产业的政策引导是有积极作用的。如果政府对经济干预过度替代了市场，产业政策违背市场规律，将给文化产业发展很难弥补的损害。

我国是传统计划经济体制向市场经济体制转型的国家，文化产业和文化政策的转型过渡期是一个十分“痛苦”而步履艰难的过程。由于国情和传统意识形态惯性的原因，文化政策和文化产业政策目标取向大多为政府主导型，一般不会过渡到市场主导型。这类国家发展文化产业，首先要把体制改革放在首位，着力转换文化资源配置的机制，同时转变政府管理文化的职能，而且始终关注国家文化安全问题。

第 11 章　构建中国文化产业发展的低碳模式

低碳经济时代是一个新国际战略的调试期。对于中国文化产业的发展而言，其刚好对应的是在基本完成文化产业体制改革的基本任务和基本目标之后的“文化产业发展调试期”。所有在文化体制改革中建立起来的新体制和新机制，能否如改革目标所确立的那样正常运行，并且有效地推进整个新文化制度的建构，这对未来中国整体发展具有特别重大的战略意义。这里不仅一般地涉及文化体制改革本身的成败得失问题，而且还会给中国未来整个发展战略目标的实现带来深刻影响，包括政治、经济、社会、文化等一系列战略性问题。因此，未来十年尤其是“十三五”时期的中国“文化产业发展调试期”如何安排就显得尤为重要。

11.1 以文化产业层次分工体系，明确文化产业发展的目标定位和战略选择

国家统计局已经发布了文化及相关产业分类指标体系，提出了关于我国文化产业划分的“三层”理论：“核心层”“外围层”“相关层”，影响很大，成为各地统计文化产业 GDP 和增加值的依据。然而，从全国各地编制的文化产业发展的“十一五”规划的内容来看，几乎很少哪一个地区把“相关层”的内容列为地区文化产业发展的主要任务和发展重点。根据我们对全国各省市文化产业发展“十一五”规划的分析统计，各地发展文化产业的主要任务和发展重点基本集中在国务院 2009 年颁布的《文化产业振兴规划》的范围。除“印刷复制业”可能还与“相关层”相关，处在“相关层”的那一部分内容实际上都没有被各地在编制文化产业发展规划纲要的时候列入。这就需要我们从当前中国文化产业发展的实际出发，从各地编制“十一五”文化产业发展规划的实际出发，建立以文化生产发展水平为标准的文化产业层级体系

作为我们编制文化产业发展“十二五”规划的依据。

文化产业是有层次的。处在不同层次上的文化产业分别标志着不同的文化生产力发展阶段和文明发展水平。以农耕文明为基础，以手工业为主要生产方式的传统文化产业；以工业文明为基础，以大规模机械复制为主要生产方式的现代文化产业；以信息文明为基础，以互联网和数字技术为主要生产方式的新兴文化产业，是现阶段我国文化产业结构的三个主要层级。要有一个对处在不同层级上的文化产业社会功能与作用的文化分析作为不同地区文化产业发展规划的战略选择的依据。以层次文化产业理论为出发点提出区域文化产业发展分工体系。不同层次上的不同产业的文化功能不可替代，作用于不同人群、不同需求、不同价值满足。不同层级文化产业发展不仅需要培育不同的文化消费人群，同时还应当采取不同文化产业政策：扶持政策、发展政策等。要从文化产业的层级构成出发思考和部署不同文化产业的发展战略和政策选择。比较重视新型文化产业，片面用经济指标和市场表现来衡量传统文化产业，并且以此为依据来实现文化体制改革和文化产业发展的差别战略与政策，是导致我国传统文化产业发展受到影响的直接因素。因此，传统文化产业发展步履艰难的状况及其所存在的各种问题，是与我们不加层级区分的文化产业理论和政策密切相关的。因此，对我国进一步深化文化体制改革和新一轮文化产业发展规划的战略选择，必须要有“层级文化产业”的纬度和视角，在这样的视角中确立不同的文化产业立场，从中选择不同的发展战略和发展路径。

不同层级上的文化产业有着不同的发展史。不同层次上的文化产业存在合法性依据并不在文化产业本身，而是在由它培养起来的历史性的文化消费人群。正如80后、90后的文化新生代是跟随着网络游戏产业成长起来一样，许许多多非新生代人群是随着传统的文化产品消费而形成和构建自己的审美消费文化的。更不用说城市和农村本来就是两种不同的生活方式，因此，面对现阶段广大农村的文化消费市场以及扎根于农耕文明的传统手工业和工艺美术品，虽然它们的文化内容已经远离现代社会，但是，它们往往是涵养文化认知和文化认同的文化生态之源。为什么大城市里的老厂房、老仓库突然之间在转型之后又获得了新的生机呢？传统的东西是有价值的。唯一的区别是在不同的人眼里这种价值是不一样的。这就是房地产开发商和艺术家的区别之所在。空间产生多样性，时间产生价值。处在不同时间刻度上的价值是不一样的。既然如此，我们有什么理由在文化产业发展战略选择和政策选择与制定上“厚今薄古”呢？

我国东西南北中差别很大，地区发展不平衡，文化上的发展不平衡程度比经济上更为严重得多。区位优势不一样，市场环境和条件不一样，发展文化产业的人力资源储备不一样，不同文化产业发展所需要的资源拥有率不同，文化产业发展的起点不一样，为何非要每个地方在实现经济发展方式的转型过程中都要去选择发展文化产业呢？2009 年我国新闻出版产业分析报告指出，新疆、西藏、内蒙古、宁夏的新闻出版产业加起来还不到全国平均的四分之一就非常说明问题。在东部地区，没有条件可以创造条件上。在西部地区是否也能走这条路呢？这是特别需要坚持科学发展观的。有什么就发展什么，处在什么发展阶段上就选择适合于那个发展阶段上的文化产业。这就是从不同层级的文化产业出发建构我国文化产业的分工体系。世界上恐怕还没有哪一个国家像中国这样举全国之力发展文化产业，也没有像中国这样把发展文化产业列为官员的政绩考核指标。应当提倡和鼓励各地区，特别是地、县一级的制定文化产业发展的专项规划。是什么层级上的文化产业就发展什么层级上的文化产业。单一的富有地方特色的专项文化产业发展规划对于一个地级市或县级市来说，远比面面俱到、大而无当的文化产业发展规划好得多。什么都想做，结果什么都做不了。规划的下场就只能是“规划规划，墙上挂挂”。因此，必须基于不同层级上的文化产业实行政策指导下的分工，在文化产业发展结构的空间组合上实现文化资源的优化配置。在克服千军万马过独木桥的同时，腾挪出广阔的空间任由不同层级上的文化产业充分发挥自己的想象力。自然界如果只有一朵花开放，会使得整个人类感到单调，同样，如果只有一个层级上的文化产业发展一枝独秀、发展繁荣，同样不是我们发展文化产业的目的

11.2 积极发展低碳文化产业，构建资源成长型和环境健康型的文化产业发展模式

环境造成重大灾害是人类社会面临的最紧迫的生存危机问题。世界正因此走向低碳经济时代。人与自然关系的改写，将在人与社会的关系中建立起新的道德高地。低碳问题将不再仅仅是经济和政治问题，而且是社会和文化问题，成为衡量未来社会与国家文明程度的新道德标准。低碳也将因此成为

一种战略和战略武器，成为一种话语权，成为必然的公共政策选择。世界秩序和力量格局将因低碳问题而重构。一般来说，文化产业属于低碳经济范畴，属于低碳产业。然而，无论就国际社会所建立的一系列有关文化产业的制度性标准，还是从我国近十年来再文化产业发展过程中所遭遇到的对自然和人文资源的乱砍滥伐以及所造成的社会文化污染来看，文化产业也有“低碳”和“高碳”之分，“节能减排”就不仅仅是转变经济发展方式的问题，而且是转变文化产业的发展方式问题。

文化产业属于低碳产业范畴。文化产业在当代中国的战略性崛起是被作为转变经济发展方式提出来的。然而，文化产业在今天中国也有一个转变增长方式和转变发展方式的时代命题，也有一个低碳发展的问题。“云南印象”之所以值得人们关注，一个在今天看来更为重要的原因就是在文化产业发展的历史进程中，恪守资源节约型和环境友好型的文化发展理念，构建文化产业低碳发展的两型模式。文化产业不是消耗文化资源的机器，而应当是文化资源再生性资源。保护文化多样性就像保护生物物种多样性一样，必须确保它的物种传承所必需的资源和环境条件。在此，保护文化多样性和保护生物多样性具有高度的同一性。文化产业发展要为中华民族文化资源的“基因库”不断提供可再生的物种资源。在云南，无论是“茶马古道”上追寻昔日马帮的山间铃声，还是在“消失的地平线”上表达对玉龙雪山神圣的膜拜，人们无不可以看到云南在文化资源的有效开发中把可能造成的对资源和环境的破坏降低到一个可控制的安全红线之内。在文化资源的开发和文化产品的生产过程中，任何形式的破坏和乱砍滥伐都被看作是一种文化犯罪。正是有了这一份坚守，才使得民族文化的多样性没有被销蚀在市场经济的原则中，才使得文化产业发展的“云南现象”具有政治文化的审美价值。“云南现象”所展现的正是这样一条以建设文化生态文明为主导的文化产业发展之路。中国正在开始进入低碳经济时代，正处在历史上一个非常重要的时刻，低碳问题对一个尚未完成工业化发展目标的国家来说，是一个比信息化严重得多的挑战。作为世界上有着悠久历史的文明存在，伦理文明一直是中华文明的道德高地。“低碳”理所当然地应当成为今天中国发展的道德文明准绳。因此，低碳问题，不仅是经济问题，而且是文化问题，是一个基于什么样的道德标准科学发展问题，因而是一个生态文明问题。文化产业是人类文明发展的社会形态，低碳是它的本质特征之一，因而也是文化产业发展战略问题。中国的未来在今天中国的手中。中国应当建立文化产业 GDP 增长万元能耗的“碳排放”标准，积极发展低碳文化产业，大力推进文化环保，在文化资源的开发中实现文化资源的持续积累，在文化经济的发展中实现文化产业发展方式和增长方式的战略性转变，在资源成长型和环保健康型的建构过程中，构建文化产业低碳发展的两型模式应当成为“十三五”时期中国文化产业发展的战略选择。

11.3 创新资源使用文化，建立文化资源消耗补偿机制

资源在任何时候都是稀缺的。物质资源如此，文化资源也是如此。因此，人类要满足自己的资源消费，就必须不断地推进资源再生。人类社会的文化资源不是取之不尽用之不竭的。人类社会之所以能够发展进化到今天。其中一个重要的动力机制就是文化资源的不断再生。文化资源的创造性再生是提高文化资源使用效率最有效的途径。创新是内生的，是人的一种内生需求，具有遗传性。同时创新也是文化资源再生最重要的生物学动力机制。创新的发生一般来说一定是源于对某种资源枯竭的危机管理，这是因为，当不创新就不可能继续获得人的、社会生存与发展的有效资源的时候，生存的本能性需求就成为激活创新基因的第一动力，因为，只有创新才能再生仅仅靠自然力量无法再生的资源。这就是为什么在人类社会发展的每一个重大历史关头，人类社会遗憾总能为自己贡献出属于全人类的自然科学家和社会科学家的原因。就这个意义上来说，创新既是资源分配和资源消耗程度的一个结果，同时也是努力寻求如何生产新的前沿产品以降低资源消耗、寻求替代资源和促进资源再生的结果。不幸的是，在今天有关中国文化产业发展战略的研究和政策中，比较多地关注如何增加投入财政资金，提高文化产业增加值，却很少关注文化产业发展如何减少对文化资源消耗的影响，提高对文化资源再生和利用效率，创新资源使用文化。尤其是在城市对农村文化资源的消费问题上，城市化进程造成的对新农村文化建设所需要的文化资源消费补偿机制的缺失，正使得城乡文化资源消费遭遇到前所未有的不平等。工业反哺农业，城市反哺农村，文化产业在开发利用文化资源、特别是农村传统的不可移动的优质文化资源所获得的利润和资本积累，应该反哺新农村文化建设和传统文化建设。“十二五”文化产业发展规划，应当建立起基于克服和消除文化资源消费不平等的文化资源补偿机制，创新资源使用文化，以维护中国文化

产业发展所必不可少的文化生态系统安全。

11.4 建立以普惠性为主，以定向性为辅的文化产业政策体系

国际上推动文化产业发展有二种基本的政策选择模式：一种是以日、韩和我国台湾地区为代表的东亚型产业政策：一种是以英美为代表的欧美型竞争政策。东亚模式比较注重于通过政府制定产业政策推动文化产业的发展，而欧美模式则更强调通过维护市场竞争的竞争政策为文化产业发展提供一种制度环境。产业政策的好处是，当一国经济处于发展的早期，政府容易通过对未来产业发展方向的把握来引导市场，从而避免企业由于投资风险过大且不易把握而遭遇损失，从这个意义上来说，产业政策具有一定的产业安全预警机制的作用。文化产业是一项高风险性产业，在一个文化市场尚未充分发育的情况下，由政府通过制定文化产业政策来引导文化产业投资，培育文化产业市场，不失为保障文化产业安全的稳妥选择。尤其是像中国这么大的一个经济体在许多方面都还没有准备好的情况下加入世贸组织，参加国际文化市场竞争，接受全球化的挑战，不采取渐进式的文化产业发展政策，在发展过程中逐步地消化加入世贸组织后给中国文化产业发展带来的安全风险，其危机是可想而知的。然而，同时也必须看到，由于文化产业有着其他产业所没有的以内容的生产和提供为主要行为特征的发展规律，而且人们的文化消费习惯也并不像人们的物质消费那有具有可控的规律性，所以，就文化产业而言，对于文化产业发展方向的把握，政府并不比文化投资主体更具有信息上的优势。例如，近十年来我国动漫产业、网络游戏产业以及创意产业集聚区的形成和发展，就都不在最初的政府关于文化产业发展的十五规划之中。

在今天的中国，文化产业一方面尚未走出它的早期发展阶段，另一方面文化产业又被界定为国家战略性产业。因此，战略性产业政策的选择的过程和制定就成为一种重要的国家战略。在后危机时代的全球产业重组的过程中，中国文化产业转变发展方式作为一种战略性产业的成长，特别需要政府创造和提供宽松的政策环境，特别是提供公平竞争的行业准入政策。当中国文化产业发展进入到一个国家战略性产业发展新阶段的时候，应优先实施普惠性而非定向性的文化产业政策。政策目标对文化产业发展的定位越高，越需要普惠性而非定向性的产业政策；同时定向性产业政策也需要确定合理的政策覆盖面。中国文化产业发展应逐步走出由政府特事特办的方式和倾斜式优惠

的产业政策来支持个别行业的政策模式，实践证明，这样做的成本太大。定向性产业政策已经导致了企业对政府的不良博弈。中国需要制定普惠性的文化产业政策。逐步地从直接的、定向性的产业扶持政策、优惠政策，向普惠性而非定向性的文化产业政策转变。从国家转变经济增长方式和经济发展方式的战略目标出发，实行定向文化产业政策和普惠性文化产业政策的有机结合，并逐步建立以普惠性为主，以定向性为辅的我国文化产业政策体系。这就需要我们在文化产业发展方式和发展经验选择上，必须超越东亚经济体层经成功实施的“产业振兴”的政策经验，寻求中国模式的创制。战略性产业更多的是从国际政治和国家安全的角度出发界定的。文化产业作为我国的战略性产业必须具备国际竞争力和国家文化安全能力。因此，创建新的与国家战略性新兴产业这一目标定位相适宜的文化产业政策，也就自然地成为我国文化产业能否实现转变发展方式的关键。

第 12 章　发展文化产业的战略

12.1 国外文化产业发展战略及对我国的启示

学人之长，避己之短。国外文化产业的发展战略与政策可以为我们制定文化产业发展战略提供很好的参照与借鉴。

12.1.1 世界文化产业发展模式及政策选择

西方主要发达国家对文化产业的态度和文化政策特征各不相同，但基本上可以分为三种类型：绝对强势的美国模式、保护性发展的欧盟模式和国家政策主导下战略赶超的韩日模式。虽然它们的发展模式不同，有两点却是共同的：第一，其目前在文化发展和文化产业方面的状态、态度和政策，都是由它们所处的具体经济、政治和社会发展水平和相应现实条件决定的；第二，它们都非常明确地意识到文化发展和文化产业的研究与开发在新一轮全球化国际竞争中所具有的重要意义。因此在如何制定文化政策、推进文化产业发展方面非常值得我们学习和借鉴。

文化产业高度发展的美国模式：无为而治。美国是目前世界上经济最发达、市场化程度最高的资本主义国家。基于这样的发展水平，国家对文化发展的管理和协调机制以“无为而无不为”为特征，具体管理方式以各州政府为核心协调单位并且灵活多样，其文化政策重点是：一方面，通过颁布各种政策法规促成文化软件硬件的剥离，使硬件生产归于传统产业，重视促进、保护和开发国内外文化资源（特别是开发国外文化资源），在使“文化资源小国”变成“文化产业强国”的基础上逐步通过传媒集团国际化扩大国内、特别是国外文化市场；另一方面，通过形成各种介于各州政府和具体文化部门之间的非营利性文化组织，设立基金会及创设各种资助文化单位的捐赠制度，促进各种文化产业、各个文化部门和具体单位健康多样地发展。因此，就美国当今的社会文化现状而言，可以说其文化与经济的互渗程度和融合程度都是全世界最高的，而这种互渗和融合、特别是整个经济社会体制对文化产业的强有力支持，又使其文化产品的全球竞争力非常强，并且将在相当长的时期内呈现出“咄咄逼人”的进攻态势。

保护性发展的欧洲模式：文化安全第一。英国、法国、德国、澳大利亚、加拿大等国家基本上属于西方发达国家的第二集团。就信息化高科技手段而言，其社会发展水平处于硬件研发和生产阶段基本完成、尚未进行硬件与软件相剥离的阶段；就文化研究、文化产业研究与开发而言，它们基本上都充分意识到“文化市场化”和“市场文化化”的世界性发展趋势。同时，由于美国文化产业及其国外扩张在全球领域中显示的进攻态势，它们普遍感到自己在文化保护和文化产业开发方面受到了非常大的压力，因而十分强调文化的民族认同、强调国家对文化开发和文化产品内容独创性的保护性管理，以期做到在此基础上进行文化管理体制的革新，力图通过发展自己独具特色的文化产业，提高自己的文化核心竞争力，进而以更高的综合国力应对新一轮全球化进程中出现的文化发展方面的挑战。

战略赶超的韩日模式：政策强势推动。日本在 20 世纪 90 年代泡沫经济破灭，传统支柱产业逐渐衰落，经济持续低迷的情况下，开始了从制造业大国向文化大国迈进的步伐。韩国则在 1997 年金融危机后调整经济发展战略，将文化产业确立为新经济的核心，将文化产业作为 21 世纪发展国家经济的战略性支柱产业予以大力推进，出台了大量支持文化产业发展的政策和措施，短短几年时间，取得了令世界瞩目的成就。

12.1.2 世界各国文化产业政策启示

通过以上分析，我们可以总结出一些当今文化产业发展的普遍规律以及我国发展文化产业战略可借鉴的宝贵经验。

1. 政府政策在文化产业的发展中起着重要作用

西方学者贾斯廷·奥纳在《欧洲的文化产业和文化政策》中说道：“在很大程度上，文化产业观念是受牵涉其中的政策框架驱动的”，而且“文化产业是与经济和文化政策相伴生的”。很多事实表明，西方经济发达国家之所以文化产业正逐渐取代传统产业而成为支柱产业，文化政策在其中起到了重要作用，文化政策是推动文化产业发展的关键因素。

2. 区域文化产业的发展与区域经济良性互动

文化产业的发展同城市的发展结合在一起，体现出向城市空间集聚的特征，形成了一种相互依赖的共生关系。从发达国家的情况看，那些经济发达、影响力大的国际化大城市往往与非常发达的文化产业联系在一起，如美国的纽约、英国的伦敦、日本的东京，还包括首尔、新加坡等这样的新兴国际化城市。这些城市在国际上的知名度也与其发达的文化产业紧密联系在一起。文化产业对城市发展具有明显的推动作用，它不仅可以为城市带来巨大的经济价值（例如，纽约 2000 年文化产业对该城市的经济贡献就已超过 120 亿美元)，而且还可以极大地提升城市的文化品位和层次，塑造城市的内涵。所以，很多国际化城市采取了“文化立市”的发展战略，文化产业对城市经济的贡献已成为不容忽视的重要因素，在很多发达国家城市的 GDP 中已超过了传统产业。这也形成了这些城市对文化产业的依赖关系。

3. 因时因地制宜，比较优势是各国选择发展模式的重要依据

从各国的文化产业的发展模式来看，他们都是根据国家自身的要素禀赋结构选择最优的文化产业结构和推动政策。

4. 重视和发展城市文化建设是国外区域文化建设的重要趋势

城市越发展，文化建设就越重要。重视和发展城市文化建设已经成为先进城市加快发展的趋势。世界上许多经济发达城市同时也是文化发达城市。巴黎、伦敦、东京等国际大都市都把文化产业当作支柱产业。曼彻斯特 2002 年 5 月出台的文化发展战略，提出了“文化变成了城市发展战略的轴心，经济、社会、技术和教育的战略都将越来越维系于这个文化轴心”的理念，并规划了“发展可持续文化经济”等 5 大主题。伦敦 2003 年发布的《伦敦：文化资本，市长文化战略草案》，提出文化战略要维护和增强伦敦作为“世界卓越的创意和文化中心”的声誉，成为世界级文化城市。新加坡 2000 年制定的 21 世纪文化战略《文艺复兴城市》中提出新加坡将发展“成为一个充满动感与魅力的世界级艺术城市”，目标是“21 世纪的文艺复兴城市，即国际文化中心城市之一”，近期目标是 5 ~ 10 年内赶上香港、格拉斯哥、墨尔本，远期目标是与伦敦、纽约“平起平坐”。《文艺复兴城市》提出了 6 大发展策略，其中之一就是“发展文化艺术的文艺复兴经济”。美国奥兰多则凭借一个迪斯尼乐园，把整个城市各个行业都带动了起来，每年 3400 万游客为城市创造了丰厚的利润。

12.2 中国文化产业走向世界的战略选择

12.2.1 发展文化产业是弘扬民族文化、维护国家文化安全的重要途径

文化全球化的过程是世界各种思想文化互相碰撞、交流、沟通和融合的过程。在这一过程中，中国文化要立于世界文化之林，要对世界文化有较大贡献，就需要不断创新和开发，才能充满活力，永葆青春。文化的兴衰全在于创新与开发。看一个民族、国家的文化发展程度和文化发展前景，主要看其创新能力的高低和对民族文化的开发产业化的程度。文化的兴衰又关系到国家的兴衰，因此，我们必须把增强民族文化创新的能力和开发产业化程度提高到关系中华民族兴衰存亡的高度来认识。开发与创新是中华民族文化传承的必要手段。要创新就要在传统文化与现代化之间找到富有生命力和活力的生长点。而要有效地开发，就必须寻找文化与经济的最佳结合点，能产生最大的社会效益和经济效益。只有大力培育文化产业，发展人文经济，才能发挥具有文化多样性的资源优势，维护文化的政治安全和文化的经济安全，实现人与自然、经济与文化协调发展的根本目标。文化产业作为一种经济行为，能增强一个国家的软实力和综合国力，也能提高一个国家在国际中的竞争力。因而在许多经济发达国家或地区，早已经把文化产业作为新的经济增长点并越来越重视其发展。在经济文化全球化潮流的影响下，我国文化产业也不可避免地融入了文化产业全球化的发展进程中。我国历史悠久，民族文化资源丰富，文化开发和产业化具有得天独厚的优势。只有通过产业化和市场化途径把中国丰富的、独特的文化资源加以合理开发，在内容和形式上不断创新，使之转化为全世界人民都能享受的文化商品，这样既可以创造利润，又赢得文化竞争优势，能以过去所没有的深度和广度把中国民族文化传播到各个角落。在我们的文化产品不断地走向全世界，让世界人们享受我们的文化产品的过程中，中华文明就会得到有力地弘扬，中国文化的魅力就会得到充分展示，我们的民族自信心、民族自豪感就会大大增强，就能够建立起完善、健全的具有中国特色的文化价值和观念体系，从而更好地维护国家文化安全。

中国文化产业走向国际是提高国家文化软实力的战略要求。解放和发展文化生产力，是繁荣中华文化的必由之路，也是文化产品走向国际的战略保证。必须对中国文化产业国际化开发文化产品的价值战略有一个清晰、科学、

准确的选择，才能满足各国文化消费的需求，扩大中华文化在全球的影响力。在世界文化竞争日趋激烈的大环境下，增强文化产业的国际竞争力，占领世界文化消费市场制高点，这是中国文化产业发展中的一个重大战略问题。

12.2.2 中国文化产业国际化的文化产品市场价值战略选择

满足各国人民对文化消费的市场需求是中国产业国际化开发文化产品的首要战略。在中华文化走向世界过程中，中华文化产品的价值战略不仅要考虑到满足国内 13 亿人口的文化消费需求，而且要考虑到满足全世界 65 亿人口的文化消费需求。中国作为当今世界有影响力的大国，尤其是把实现中华民族的伟大复兴作为强国之梦成为 21 世纪中叶的国家战略，文化发展战略必须与国家发展战略保持一致，文化产品的价值战略不仅仅是要满足国内文化消费的市场需求，还要满足全球文化消费的市场需求。文化产业国际化开发文化产品的市场价值战略就是要满足全世界人民的文化消费需求。在世界文化市场上应该从两个方面体现文化产业国际化开发文化产品的市场价值。

一是向世界文化市场提供具有特色的传统优秀文化产品，以满足各国人民对中华文化全面、准确了解的文化需求。中国作为一个东方大国，历史悠久、文明远扬、文化丰富、艺术独特，对世界人民的目光颇有吸引力。尤其是改革开放以来，中国经济社会发展日新月异，综合国力日益增强，各国民众不仅关注中国经济生活的发展变化，而且关注中国老百姓的精神文化生活。世界各国已经对东方文化背景下的中国快速发展产生了强烈的兴趣，他们迫切希望了解中国文化。国际社会对中国快速发展的神秘感的渴望了解，就形成了潜在的巨大的中国文化产品需求的世界市场。

二是向国际文化市场提供具有创造性的现代和谐文化产品，以满足各国人民对现代人类生活和谐发展的文化需求。中国文化产业国际化开发文化产品的市场价值取向的成功与否，关键在于当今世界文化市场有没有中国文化产品走向世界的国际文化市场空间。和谐文化不仅是中国人民走向团结、进步的重要精神支撑，也是世界人民走向和平、合作、共赢和发展的重要精神食粮。发展不平衡、生活不平衡和生态不平衡等诸多全球性问题迫切需要和谐文化与和谐文化产品来调节。这就使中华文化走向一世界的和谐文化产品有了巨大的国际市场发展空间。

开发产品的国际价值就是文化产品的国际标准。经济全球化使各种产品对国际市场的依存度不断提升，形成企业经营和产品质量的众多国际标准。

在文化产品的生产和销售链环节中，市场化的投资机制、规模化的生产制作、网络化的发行销售以及市场化的消费模式已成为各国文化产业的普遍模式。因此，中国文化产业国际化开发文化产品必须要有国际价值，符合国际文化市场对文化产品的基本要求。

首先要承认文化产品国际标准的客观存在。国际文化市场正在进入垄断竞争时代，跨国文化娱乐传媒公司在国际文化市场中占据着垄断地位，并且按照自己的运营规则来不断地开发国际文化资源，将企业经营管理的标准塑造为国际文化企业的标准。文化产品的国际标准已经形成，如果我们不以这种国际化的标准来包装自己的文化产品和文化内容，就很难进入被国际文化娱乐传媒垄断的国际文化市场。我们必须承认和尊重这种全球化文化产品国际标准的存在。

其次要了解国际文化产品市场的需求趋势。在全球化和市场化大潮中，文化竞争已经成为综合国力竞争的重要内容。文化产业必须参与国际文化市场竞争，传播中国的价值观和中国的国家形象。因此，我们必须了解目前国际文化市场的社会文化环境，照顾到国外观众的消费心理和欣赏习惯，研究国际市场对于文化产品内容的需求，有针对性地进行文化产品制作，扩大中国文化产品在国际市场上的份额。欧美国家是当今世界最大的文化消费市场，应该把了解欧美文化市场的需求特点和提高欧美消费者的认同度作为中国文化产品走向的国际战略选择重点。

中国文化产业走向国际是提高国家文化软实力的战略要求。解放和发展文化生产力，是繁荣中华文化的必由之路，也是文化产品走向国际的战略保证。只有对中国文化产业国际化开发文化产品的价值战略有一个清晰、科学、准确的选择，才能满足各国文化消费的需求，扩大中华文化在全球的影响力。在世界文化竞争日趋激烈的大环境下，增强文化产业的国际竞争力，占领世界文化消费市场制高点，这是中国文化产业发展中的一个重大战略问题。

12.2.3 在世界先进文化基础上实现文化产业国际化的战略选择

在当今世界任何一个国家的文化资源都是有限的，尤其是先进文化资源更是短缺的。要有利用世界各国先进文化资源进行文化产业国际化的战略观念转变，中华文化才能跻身于世界先进文化的前列。要想使中国文化产业走向国际，使中华文化成为在国际文化市场上拥有较强竞争力的世界先进文化，必须要有利用各国文化资源的意识，尤其是要有利用发达国家先进文化资源发展中华文化的战略观念。唐朝文化能够成为当时中国和世界最繁荣、最灿烂的中华文化，与唐王朝实行开放和兼容的文化政策是分不开的。唐王朝实行开明、兼容的民族文化政策，并加大与亚洲、欧洲甚至非洲一些国家的文化往来力度。在吸收外来优秀文化的基础上，使唐朝文化成为当时世界上的最优秀文化，也使唐朝文化的“文化折扣”大大降低，从而推动了唐朝文化走向世界。美国文化能够成为当今世界的强势文化，也与大量吸收世界各国先进文化成分是分不开的。美国独有的移民文化实际上是汇聚了各国的精英文化。移民把世界各国文化中的优秀成分移植到美国，汇集成美国现代文化。移民文化演变成的当今美国文化走向世界的“文化亲近”度就高。这也是美国文化能够称霸世界文化市场的主要因素之一。在 21 世纪的今天，中华文化要走向世界，中国文化产业要走向国际，首先要有在世界先进文化基础上发展中华文化的战略思路。大胆学习和吸收各国先进文化，在消化世界先进文化的基础上，实现中华文化的再创新，形成进入国际文化市场的后发优势。因此，相互学习、相互借鉴，大胆吸收人类文明的一切优秀成果，追求人类文明的共同价值，是文化产业走向国际市场的必然途径。

12.2.4 在市场经济基础上实现文化产业国际化的战略选择

在经济全球化的 21 世纪，市场经济已经成为世界各国经济发展的共同基础，也是文化产业走向国际的经济基础。市场经济运行的核心机制是竞争机制。在市场经济基础上，中国文化产业要走向世界，只能通过文化竞争进入各国文化市场。任何一种文化的竞争力都来自两大因素：一是能够生产出不断满足各国人民文化生活需求的文化产品；二是能够创造出满足各国人民文化生活水平不断提高的新的文化需求市场。满足世界文化市场需求和创造世界文化需求市场是文化产业走向国际的“硬条件”和“硬道理”。要使中华文化具有走向世界的能力，就必须要有增强中国文化产业的竞争性和创造性的战略思路。不同发展水平的国家也拥有不同发展水平的文化。在一般情况下，国家的发展水平决定着文化的发展水平，决定着文化产品的国际竞争能力，因而各国文化发展水平是有高低之分的。从文化水平来看，世界文化又分为生存性文化、发展性文化、竞争性文化。生存性文化以传统文化为主调，维护传统、维持现状成为人们生活观念的主流意识。发展性文化以兼容文化为主调，在传统优秀文化基础上吸收外来优秀文化，在维持现状的基础上强调自我发展成为人们生活文化观念的主流意识。竞争性文化以创新文化为主调，在不断自我完善的基础上强调科学发展和开拓新的发展空间成为人们生活文化观念的主流意识。如对这三种不同发展层次文化的特性进行比较，生存性文化较为封闭，甚至拒绝外来文化；发展性文化较为开放，善于消化外来文化；竞争性文化善于创新、创造，不断输出新兴文化。任何一个国家的文化都包含着生存性文化、发展性文化、竞争性文化这三种不同层次的文化。但是，在一般发展中国家把生存性文化作为主流文化；尤其在新兴经济国家把发展性文化作为主流文化；在发达国家把竞争性文化作为主流文化。在21世纪，中国全面建设小康社会的战略目标是不断缩小与发达国家的差距，努力达到发达国家的经济社会发展水平。因此，在建设中华文化历程中，必须实现由目前以发展性文化为主的中华文化转变为将来以竞争性文化为主的中华文化，丰富中华文化的内涵，增强中华文化的创造力，提高中国文化产业的国际竞争力。

12.2.5 在全球化基础上实现文化产业国际化的战略选择

世界经济全球化导致各国文化产业的全球化。中国制造工业能够实现全球化，中国文化产业也必然能够实现全球化。我们必须要有在世界经济、中国经济的全球化基础上进行文化产业国际化的战略观念。经济全球化决定了文化全球化是一种必然的发展趋向。从发展规律看，经济全球化所带来的不仅是物品、技术、资本、人员等经济要素在全世界范围内自由流动，而且包括文化产品、文化资本、文化信息和文化观念在世界范围内的自由流动，尤其是在信息技术和网络系统等现代传媒设施日益国际化的条件下，经济全球化导致了思想意识、价值观念、文化艺术、行为方式、生活方式、交流方式在国际范围交往碰撞，推动了文化全球化。随着全球传播技术的不断发展，各国的文化交往日益频繁，文化贸易数量增大，导致了一种大量的文化交换和文化适应。文化全球化趋势的增长将不断促进世界范围内文化消费市场的形成，使各国文化消费种类、文化消费时尚、文化消费价值观念日趋国际化。这些文化情形的产生有利于各国文化产品在全球范围内的生产和销售，从而根本上推动文化产业国际化的快速发展。中国经济全球化决定了中华文化产业国际化的发展趋势。20世纪80年代以来，经过几代人的努力，在世界贸易体系中，中国工业产品已经占有重要的席位。中国很多产品出口量排到世界出口贸易总量的第一位。比如中国的服装纺织品出口占到全球贸易总量的25%，鞋占到60%等。在美国进口的产品里边，从中国进口的收录机占到了

78%，箱包占到 75%，鞋占到 72% 等。因此，经济全球化必然带动文化产业国际化发展。中国产品全球化推动着中国产品文化全球化。产品出口既是一种货物出口，也是一种文化出口。产品出口含有一个国家的文化理念的出口。各国消费者在接受中国产品的同时，意味着同时接受中国的传统习俗和文化理念。中国“春节”正逐渐演化为世界“中国年”。目前，春节正成为中国传递给世界的一张传统“文化名片”。随着经济实力的快速增强，中国“年”也迅速进入各国主流社会。从 2003 年开始，纽约市议会将中国农历新年列入公共假日，这是美国历史上第一次。近十几年来，美国邮政局每到中国农历新年都要发行一枚中国生肖邮票。这几年，美国总统都会在中国农历新年，向全世界的华人献上新年贺词。如何借助中国的经济全球化、产品全球化，来推动中国文化的全球化，实现中华文化产业国际化，中华文化走向世界的战略目标。如何有效地把货物出口和文化出口有机结合起来，通过货物商品出口带动文化产品输出，推动观念、思维、文化出口。这是中国文化界和产业界需要思考的一个重大战略问题。

12.2.6 在世界文化强国基础上实现文化产业国际化的战略选择

在 21 世纪，中国全面建设小康社会的战略目标是不断缩小与发达国家的差距，努力达到发达国家的经济社会发展水平。中国要实现第三步发展战略目标，不仅要在经济发展水平上达到发达国家的先进水平，而且在文化发展水平上也要达到发达国家的先进水平。要有成为世界文化强国的意识，大胆制定开发国际文化市场的战略思路。中国经济能够持续高速增长的主要原因之一是因为拥有成为世界经济强国的雄心。同样，我们应该拥有成为世界文化强国的决心，制定中国文化产业国际化发展战略思路。加入 WTO 是中国政府在经济发展战略上高瞻远瞩做出的重大决策，是中国当时面向世界主动抓住发展机会的重大战略。入世后，中国经济发展面临着各种压力和众多挑战，但是在工商界、经济界的积极进取下，既取得了经济快速优质的发展，国际市场竞争能力迅速提升，也树立了中国讲诚信、互惠、双赢发展的良好形象。实践证明，加入 WTO 的决策是完全正确的，使中国成长为一个世界经济大国和国际贸易大国。可以说，世界贸易组织给中国提供了一个四通八达的高速公路网络，让中国经济发展可以在更大的舞台上走得更快、走得更稳；可以在更广泛的领域释放制造能力和创造能力。同样，在促进中华文化走向世界这个战略问题上，我们要像制定经济发展战略那样，制定中华文化发展战略。

要敢于开放国内文化市场，要敢于进军世界文化市场，占领国际文化市场制高点。只有文化开放才能带来文化繁荣，只有文化繁荣才能聚集走向世界的文化能量。中国文化产业国际化发展战略应该是使中国文化产业快速发展，并成为全球现代文化产业发展的推动力，拉动世界文化产业水平不断提升。当今世界文化市场确实是由美国文化支配，但未来的世界文化不一定完全由美国文化来支配。中华文化正在成为当今世界文化的重要组成部分，也完全有可能成为未来世界文化的支配力量。因此，我们既要有成为经济强国的发展战略，也要有成为世界文化强国的文化发展战略。

12.3 制定文化产业发展战略规划的建议

12.3.1 政府应在国家文化产业发展战略规划中发挥更加重要作用

政府不仅在制定国家文化产业规划时应站在国际化的大视野下，从世界和中国文化产业经济链出发，明确我国文化的优势和位置，制定出更科学可行的规划，政府还应是国家文化产业发展的督促者和推动者。文化产业发达国家的经验表明，市场调节的作用是巨大的，但政府的产业政策和行政干预对加快文化产业发展速度的作用更大，政府在推动文化产业发展中的作用是全方位的，尤其是在战略层面的领导上，在当前的我国，市场机制尚不健全，市场本身的盲目性和滞后性、市场信息的屏蔽以及政治、军事和各种非经济因素影响客观存在，政府更有必要通过实施有利于文化产业发展的政策来快速推动产业的发展。但必须明确的是，政府只是在为产业和企业的发展提供服务，包括提供公平、透明的竞争环境。政府不是也不应当是产业发展的主体，不是产业发展的最终决定者，而仅仅是产业和企业发展的服务提供者、环境维护者。换句话说，政府的角色是“场地规则制定者、裁判员，而不是“运动员”。

12.3.2 制定战略规划应更加重视文化产业的“产业”属性

从产业的角度出发，应更加重视运用经济的思维、定量分析的方法来规划和发展区域文化产业；应更加重视市场调研，摸清资源优势和市场规模，找准战略规划的前提；更加重视运用产业化手段和方式经营文化，将文化的创作和传播纳入到经济运行轨道中，形成区别于其他产业的产业链条和产业结构；更加遵循产业规律，重视文化原创与高端的发展，避免跟进式、尾随式的雷同，避免“大而全”“小而全”的文化产业内部结构，防止观望、攀比等可能造成新一轮区域间产业结构雷同、重复发展引起的生产效率低下、恶性竞争。在此思路下，可选择一两个具有确定优势的产业项目作为突破口，形成支柱产业的“支柱”，再围绕“支柱”培养一批重点企业，形成支柱产业群，支撑整个区域经济协调健康发展。重视规模带动，注重产业及城市集聚，加快培育文化产业发展中心城市，通过中心城市的发展辐射带动各中小城市的发展，增强区域文化产业发展的竞争力。注意强化文化产业集聚区建设，发挥资源整合对文化产业发展的集群和规模效应，形成区域文化产业的全新链接。

12. 3. 3 制定战略规划应特别注重选择优势，扬长避短

地理环境、自然资源分布、社会经济发展水平、文化意识形态、传统习俗以及民族宗教信仰等客观因素和既成现实，形成不同区域经济发展的优势与劣势。根据比较优势准则，规划的重点应是在充分认识国际国内形势，比较借鉴国内外发展经验的基础上，从本地区文化资源的比较优势出发，选择能够充分发挥本地区文化资源比较优势的战略产业主导战略取向，并以此带动相关文化产业的关联配套组合。“有所为有所不为”，集中自身优势，争取在若干个适合本区域的、基础较好的、有发展潜力的产业领域取得突破，建设一批机制灵活、运作高效的产业化基地，形成优势产业群，发挥产业集群效应，壮大文化产业规模，增强区域核心竞争力。如云南的优势在文化资源，就不必与广东拼文化产品生产；北京的优势在创意，就应该重点研究如何吸引人才，激励创新；山东的优势在强大经济支持下的市场空间，就应该充分利用这一优势发展大型的文化企业集团。有区别的制定一些符合本地文化产业的战略就显得格外重要。

12. 3. 4 制定战略规划必须包含规划落实的具体措施

要重视人的因素，广纳创意性人才，确保文化产业的决策者、投资者、创意者、执行者到位。人才，特别是创意性人才，在文化产业发展中的重要性尤为突出，是国家文化产业发展的核心要素。可以说发展文化产业，“人才”最关键。对于整个文化产业而言，即使有更多的优惠政策，如果没有人才做支撑，也是一句空话。在人才政策方面，政府应建立有效的创意人才培养、引进和使用机制；改革分配制度，探索以“创意资本”为主的新型分配激励机制，完善技术入股、管理入股、股票期权等分配形式，使人才能得到市场化、制度化的激励，由此增强产业创新动力。

要重视资金的筹措，解决钱从哪里来的问题。资金不足是我国文化产业发展的一个“瓶颈”。在投融资方面，政府应推动多元化投资、金融市场融资、倾斜性金融信贷政策等，逐步形成投资主体多元化、投资方式多样化、融资渠道社会化、项目建设市场化的文化产业发展新格局。在产业扶持方面，可制定财政优惠、税金减免、税利返还、差别税率和设立创意产业发展基金政策等，以达到“放水养鱼”的目的。要重视文化产业载体和平台建设，提供公共基础服务。政府作为公共部门，为产业发展提供公共服务责无旁贷。在推动文化产业方面，政府必须建立诸如博物馆、音乐厅、美术馆、大剧院等设施，累积文化存量，催生文化企业；培育观众群，提升大众对文化、艺术的兴趣和水平，鼓励对文化艺术的追求；加强知识产权保护，进一步完善有关知识产权保护和资助制度，加大对自主知识产权的保护力度。另外，可建立产权交易平台和完善产权交易体系，构筑产权流转顺畅和交易自由的平台，为企业投融资和产权交易提供高效、便捷、规范的服务，也是政府推动文化产业发展的重要一环。要有阶段性目标和具体落实措施，避免大而化之，人人都说很重要，各个部门都管都不管的现象。

参考文献

[1] 欧阳有旺，郭炳南．略论中国文化产业对外开放战略［J］．特区经济，2006（3）：322－323.

[2] 祁述裕．中国文化产业国际竞争力报告［M］．北京：社会科学出版社．2004.

[3] 史瑞丽．推进文化产业/走出去的问题研究［J］．国际贸易，2007（12）：36－42.

[4] 孙文清．对发展我国区域文化产业的思考［J］．商场现代化，2005（2）：97－98.

[5] 王学成．郭金英．关于中国文化产品输出的思考［J］．国际贸易，2007（12）：29－35.

[6] 文剑．推进我国文化产业国际化发展的战略构想［J］．国家行政学院学报，2007（4）：71－74.

[7] 向勇，喻文益．区域文化产业研究［M］．海天出版社，2007：29－43.

[8] 川赵彦云，余毅，马文涛．中国文化产业竞争力评价和分析［J］．中国人民大学学报．2006（4）：112－118.

[9] 赵有广，盛蓓蓓．中国文化产业外向国际化发展战略及其实施［J］．国际贸易，2008（10）：32－38.

[10] 张京成．中国创意产业发展报告［M］．北京：中国经济出版社．2007：52－56.

[11] 杨公仆，干春晖等．产业经济学［M］．上海：复旦大学出版社，2005：305－306.

[12] 蔡尚伟，温洪泉．文化产业导论［M］．上海：复旦大学出版社，2009：5－6.

[13] 韩骏伟，胡晓明．文化产业导论［M］．上海：中山大学出版社，2009：24－30.

[14] 李思屈，李涛．文化产业概论［M］．杭州：浙江大学出版社，2007：3－5.

[15] 顾江．文化产业经济学［M］．南京：南京大学出版社，2007：25－26.

[16] 吴庄莹．中国文化产业国际竞争力研究［D］．福州：福建师范大学，2006.

[17] 陈艳梅．河南省文化产业发展战略研究［D］．石河子：石河子大学，2008.

[18] 吴霞．北京文化产业发展研究［D］．北京：对外经济贸易大学，2007.

[19] 胡惠林．文化政策学［M］．上海：上海文艺出版社，2003.

[20] 江兰生，谢绳武．中国文化产业发展报告（2004）［M］．北京：中国社会科学文献出版社，2004.

[21]［美］罗伯特斯通．霍尔．什么是文化政策？一个新兴领域的对话［M］．文化政策研究中心

[22] 花建．面对世界文化转型的战略选择［M］．北京：人民大学出版社，2006.

[23] 李书文，尹作升．文化产业化与传统文化资源的开发［J］．社会科学研究，2004（3）：32－41.

[24] 陈威主编．公共文化服务体系研究［M］．深圳：深圳报业集团出版社，2006.

[25] 中宣部文化体制改革和发展办公室，文化部对外文化联络局编．国际文化发展报告［M］．北京：商务印书馆，2005.

[26] 张晓明，胡惠林，章建刚. 2004 年中国文化产业蓝皮书［M］. 北京：中国社会科学出版社，2004.
[27] 许为民，曹峰旗. 韩国政府在文化产业发展中的作用与启示［J］世界经济与政治，2008.
[28] 孔韬. 国家文化安全视角下的中国文化产业竞争［D］. 广州：暨南大学，2007 年 5 月.
[29] 2007 年：中国文化产业发展报告. 中国社会科学院. 2007 年 2 月 27 日.
[30] 徐俊，丁烈云. 依靠科技创新促进文化产业发展［J］. 中国科技论坛，2006（3）.
[31] 徐澜波. 促进文化发展的法制保障研究［EB/OL］，http//www. sls. org. cn
[32] 蒋建国. 湖南文化产业发展报告（2006）［M］长沙：湖南人民出版社，2007.
[33] 叶振艳. 关于创意产业人才培养现状的思考［J］. 艺海，2009（7）：152.
[34] 于嘉. 文化产业、创意产业与文化创意产业概念辨析［J］. 理论研究，2009（7）：21 – 22.
[35] 张养志. 发达国家文化创意产业发展模式研究［J］. 国外社会科学，2009（10）：90 – 94.
[36] 张孝辉. 借文化创意产业发展，助上海城市形象提［J］. 东华大学学报，2009（9）：232 – 235.
[37] 褚劲. 风上海创意产业空间集聚的影响因素分析［J］. 经济地理，2009（1）：102 – 107.
[38] 冯潮华. 文化产业若干重要关系问题研究（博士论文）［D］. 福建师范大学，2005.
[39] 周斌. 文化产业政策法规研究》（博士论文）［D］. 南京师范大学，2005.
[40] 韩方明. 大力发展文化产业与文化贸易，光明日报. 2007 – 03 – 04.
[41] 冯子标、焦斌龙. 分工、比较优势与文化产业发展. 北京：商务印书馆，2005.
[42] 蒋三庚主编. 文化创意产业研究. 北京：首都经济贸易大学出版社，2006.
[43] 刘早. 中国文化产业发展战略研究［D］. 长沙：湖南大学，2008.
[44] 苑浩. 全球文化产业发展的最新趋势及政策分析. 国外社会科学. 2006（1）.
[45] Agenor. A theory of infrastructure – led development [J]. Journal of Economic Dynamics and Control, 2010, 34 (5): 932 – 950.
[46] Agenor. Fiscal policy and endogenous growth with public infrastructure [J]. Oxford Economic Papers, 2008, 60 (1): 57 – 87.
[47] Agenor. Health and infrastructure in a model of endogenous growth [J]. Journal of Macroeconomics, 2008, 30 (4): 1407 – 1422.
[48] Mark Rice – Oxley. US culture spreading to every corner of the world,, posing major problems. Christian Science Monitor, Jan 25, 2004
[49] SIVA VAIDHYANATHAN. Cultural Policy and the Art of Commerce, The Chronicle Review, June 22, 2001
[50] Digital Content Industry Action Agenda Report, http: //www. industry. gov. au/content/itrinternet/
[51] Brennan – Honey, Gibson. Where is creativity in the city? Integrating qualitative and GIS methods [J]. Environment and Planning. 2009 41: 2595 – 2614.
[52] Bontje, Musterd. Creative industries, creative class and competitiveness: Expert opinions critically appraised [J]. Geoforum, 2009 40: 843 – 852.
[53] Dominic Power contributor Dominic Power, Allen John Scott. Culture industries and the Production of Culture. Wellington: Routledge, 2004
[54] Michael Hahn. A Clash of Cultures? The UNESCODitersity Contention and International Trade Law [J]. Fournal of International Economic Law, 2006, 9 (3): 515 – 552

[55] Michael LDolfman, Richard J Holden, Solidelle Fortier Wasser. The economic impact of the creative artsindustries: New York and Los Angeles [J]. Monthly Labor Review, 2007, 130: 21 - 34

[56] DCMS . Department for culture media and sport: Creative Industries Mapping Document. London, DCMS. 2006

[57] Kong L. The Sociality of Cultural Industries: Hong Kong's Cultural Policy and Film Industry [J]. The International Journal of Cultural Policy, 2005, 11 (1)

后　记

学术研究是一条艰辛但充满乐趣的旅途，一路荆棘和美景相伴相行，给自己的人生带来了颇为丰厚的收获。本书是国家社会科学基金艺术学项目（编号 -07DG25）的研究成果。此书在前人研究的基础上，在国家社会科学基金的支持下完成的。在研究的过程中，参阅和汇集了国内外众多学者们的研究成果，参考文献中没有一一列出，在此，我向所有相关文献的作者们表示崇高的敬意和由衷的感谢!

我的同仁殷增琴副教授和候小林副教授参与了该课题的研讨；鲍晓媛副教授、刘小覃及胡博两位老师分担了繁琐的资料收集和数据处理工作，使得该课题研究能够顺利完成。在此，我对他们的辛勤努力付出表示感谢。该成果的出版得到了知识产权出版社赵军主任的大力支持以及编辑们不辞辛苦承担了编校工作，在此一并深表谢意。由于本人学识和能力有限，书中肯定存在不少缺点和不足。恳请专家和读者不吝赐教，提出批评意见。

杨秀玉

2016 年 10 月